基本を大切にした
国語科
授業づくり

赤木 雅宣 著

大学教育出版

　　　　　ま え が き

　小学校の現場で子どもを指導している卒業生が、「国語の授業づくり」について教えてほしいと大学を訪ねてくる。何を知りたいのか、どんな授業をつくりたいのかを尋ねていくと、概ね二通りの疑問や困り感をもっていることが分かる。一つは、どう授業を構想していけばいいか分からない（自信がない）から、実際の授業のつくり方を聞きたいというものである。初任者研修、校内研修などの公開授業があるとのことで、切羽詰まって尋ねてくることが多い。もう一つは、日々の授業づくりに特に困っているわけではないが、どうしてそのように授業を構想し、活動を組み立てていくのかがはっきりしないので自信がもてない。子どもに学力がついているのかどうかがはっきりしないので、自分の授業が何を（どこを）目指していけばいいかを探りたいというものである。
　大学で「教科」や「指導法」の授業を担当している者として考えると、授業の不十分さを感じなければならないところだ。しかしながら、もっと時間をかけて丁寧に指導できたとしたら解決できることだろうか。学校で日々子どもと向かい合う先生は、実際に授業実践をしていく中で学んでいくしかないことも多くあるだろう。その中で募ってきた疑問や困り感ならば、少しでも解決の役に立ちたいと思い、「授業づくりノート」の形で示して説明するようにした。まず、どんな授業にすればよいのかの大枠を掴んでもらうことから始めるのがよいのではないかと考えたからである。そのうえで、その授業が何をねらっているか、子どもにどんな力がつくか等について少し立ち止まって考える機会があれば、大学時代に学んだことも思い出しながら、それぞれの授業の意義を確かめることができるだろう。
　本書は、そういった「授業づくりノート」を基盤にして授業実践の骨組みになることを多く掲載した。「こうすればいい」となぞるのではなく、「こう

いう活動の組み立て方もある」と大枠でとらえて、参考になるところがあれば活用していただければと考えている。それぞれのこだわりを加味して、アレンジしたり変形させていただけるならばありがたいことである。具体的な授業づくりの先にある、どうしてそうするのか、そうすることでどういう学力をつけたいのか等が確かめたい場合には、具体的な授業を説明する形で示した。

　「読むこと」の授業については、国語科の授業開きを念頭に、それぞれの学年の最初の出会いとなる第1教材の授業づくりを示した。学校の現場に出て間もない先生方の困り感をもとに、学習のルールを一つ一つはっきりさせることも組み込んだものとした。「書くこと」の授業については、「どのように書けばいいのか」「どういう手順で考えていけば、書くことができるのか」という書くための方策をつかむことを中心に示した。「話すこと・聞くこと」の授業づくりについては、「独話・スピーチ型」と「対話・ディスカッション型」に分けて取り上げた。A「話すこと・聞くこと」B「書くこと」C「読むこと」の3領域について幅広く取り上げているので、授業づくりについて考えようと思ったときに本書を参考にしていただけるならば幸いである。

　2018年10月

　　　　　　　　　　　　　　　　　　　　　　　　　　　赤木　雅宣

基本を大切にした国語科授業づくり

目　次

まえがき ……………………………………………………………………… 1

第1章　国語科の目指すこと（授業づくりの視点）……………… 11
　1　国語科の学習が目指すこと ……………………………………… 11
　2　学習過程の明確化（国語科の場合）…………………………… 12
　3　国語科における「主体的・対話的で深い学び」…………… 13
　　　3－1「主体的・対話的で深い学び」になる単元を構想する　13
　　　3－2「主体的・対話的で深い学び」になる本時を構想する　14
　4　国語科「読むこと」の学習が目指すこと …………………… 16
　　　4－1　文学教材を「読む力」　17
　　　4－2　説明文教材を「読む力」　18

第2章　若い先生の授業作りを巡る悩み ………………………… 20
　1　アンケート調査の実施 …………………………………………… 21
　2　アンケート調査の回答 …………………………………………… 21
　3　回答の内容と分析 ………………………………………………… 23
　4　アンケート調査を受けて ………………………………………… 26

第3章　国語科の授業開きの一方策 ………………………………… 27
　1　2年生第1教材「ふきのとう」を活用した授業開きの例 …… 28
　　　1－①　単元づくりのコンセプトを考える　28
　　　1－②　目標（求める子どもの姿）を設定する　28
　　　1－③　身につけさせたい（確認したい）ルール
　　　　　　　（学習規律や学習活動の進め方）　29
　　　1－④　授業開きの実際（展開例）　30
　　　　【1次の展開例・全3時間】　30
　　　　【2次の展開例・全4時間】　33
　　　　【3次の展開例・全1時間】　37
　2　3年生第1教材「きつつきの商売」を活用した授業開きの例 … 38
　　　2－①　単元づくり（主教材「きつつきの商売」）のコンセプト　38
　　　2－②　授業・単元づくりの実際（展開例）　40

　　　　【1次の展開例・3時間】　　40
　　　　【2次の展開例・3時間】　　42
　　　　【3次の展開例・2時間】　　47
　　2－③　まとめに代えて　49
　　2－④　そのほかに配慮したいこと　49
　3　4年生第1教材「白いぼうし」を活用した授業開きの例 ……… 50
　　3－①　単元づくり（主教材「白いぼうし」）のコンセプト　50
　　3－②　授業・単元づくりの実際　51
　　　　【1次の展開例・3時間】　　51
　　　　【2次の展開例・4時間】　　53
　　　　【3次の展開例・2時間】　　57
　　　　【別案・3次の展開例・2時間】　　59
　4　5年生第1教材「なまえをつけてよ」を活用した
　　　授業開きの例 ……………………………………………………… 59
　　4－①　単元づくり（主教材「なまえをつけてよ」）のコンセプト　59
　　4－②　授業・単元づくりの実際
　　　　　〈5年生「なまえをつけてよ」の場合〉　61
　　　　【1次の展開例・2時間】　　61
　　　　【2次の展開例・5時間】　　63
　　　　【3次の展開例・1～2時間】　　66

第4章「書くこと」の授業づくり …………………………………… 68
　　【コラム】「赤ペン先生を脱却して、主体的な書き手を育てよう」　71
　1　第1学年入門期の「書くこと」の授業づくり ………………… 73
　　1　第1学年入門期の「書くこと」の授業づくりの特徴　73
　　2　第1学年入門期「ぶんをつくろう」の授業づくり例　73
　　　　1）何をねらえばいいか？　73
　　　　2）「ぶんをつくろう」の授業づくり　74
　　3　第1学年入門期「おもいだしてはなそう」の授業づくり例　75
　　　　1）何をねらえばいいか？　75
　　　　2）「おもいだしてはなそう」の授業づくり　76
　　4　第1学年入門期「おおきくなった」の授業づくり例　78
　　　　1）何をねらえばいいか？　78

　　　　2)「おおきくなった」の授業づくり　78
　　5　第1学年入門期「こんなことをしたよ」の授業づくり例　81
　　　　1)何をねらえばいいか？　81
　　6　第1学年入門期の「書くこと」の授業づくり（まとめ）　84
　　　　1)何をねらえばいいか？　84
　《参考》第1学年「しらせたいな、見せたいな」の単元構想例　85
　　　　●何をねらえばいいか？　86
　　　　●単元構想例　86
　　　　●本時（一次2時・モデルを活用する時間）の具現化　86

2　第2学年の「書くこと」の授業づくり
　　―「かんさつ名人になろう」（光村図書2年上）を
　　　主教材とする単元の場合― ………………………………… 89
　　1　第2学年の「書くこと」の授業づくり　89
　　2　「かんさつ名人になろう」
　　　　（光村図書2年上）を主教材とする単元の場合　90
　　　　1)指導の概略　90
　　　　2)指導の実際　92
　　　　【「1作品・モデルを読む」の授業づくり】　92
　　　　【「2素材を集めて（4取材して）、3主題を決める」の
　　　　　授業づくり】　94
　　　　【「5構想メモを書く」（6下書きをする」）の授業づくり】　95
　　　　【「7清書する」の授業づくり】　96
　　　　【「8読み合う」の授業づくり】　97

3　第3学年の「書くこと」の授業づくり
　　―「気になる記号」（光村図書3年上）を
　　　主教材とする単元の場合― ………………………………… 98
　　1　第3学年の「書くこと」の授業づくり　98
　　2　単元の概略　98
　　3　子どもが8段階を通る単元の構想と指導の実際　101
　　　　【「1作品・モデルを読む」の授業づくり】　101
　　　　【「2素材を集めて、3主題を決める」の授業づくり】　104
　　　　【「4取材メモをして、5構想メモを書く
　　　　　（6下書きをする）」）の授業づくり】　105
　　　　【「7清書する」の授業づくり】　107

【「8読み合う」の授業づくり】　*108*
　　4　単元構想・授業づくりの解説／まとめ　*109*
　　5　評価について　*110*
4　第4学年の「書くこと」の授業づくり
　　―「新聞を作ろう」（光村図書4年上）を
　　　主教材とする単元の場合― ………………………………… *112*
　　1　第4学年の「書くこと」の授業づくり　*112*
　　　1）指導の概略　*112*
　　　2）指導の実際　*114*
　　　　【「2素材を集めて、3主題を決める」の授業づくり】　*117*
　　　　【「4取材してメモに残し、5構想メモを書く」）
　　　　　の授業づくり】　*118*
　　　　【「6下書きをする」「7清書する」の授業づくり】　*121*
　　　　【「8読み合う」の授業づくり】　*122*
5　第6学年の「書くこと」の授業づくり
　　―「ようこそ、私たちの町へ」（光村図書6年）を
　　　主教材とする単元の場合― ………………………………… *123*
　　1　「ようこそ、私たちの町へ」（光村図書6年）の授業づくり　*123*
　　　1）指導の概略　*124*
　　　2）指導の実際　*125*
　　　　【「1作品・モデルを読む」の授業づくり】　*125*
　　　　【「2素材を集めて、3主題を決める」の
　　　　　授業づくり】　*128*
　　　　【「4取材してメモに残し、5構想メモを書く」
　　　　　の授業づくり】　*130*
　　　　【「6下書きをする」「7清書する」の授業づくり】　*131*
　　　　【「8読み合う」の授業づくり】　*132*

第5章「話すこと・聞くこと」の授業づくり ……… *134*

1　子どもの発達段階と身に付けさせたい
　　コミュニケーション力 ……………………………………… *134*
2　「伝え合う力」を育てる ……………………………………… *135*
3　「話すこと・聞くこと」の授業づくりの特徴
　　（メリットとデメリットの両面から）……………………… *136*

4　子どものコミュニケーション力を伸ばすために …………… *137*
　　　5　「話すこと・聞くこと」の授業づくり例 ① …………… *138*
　　　　1　独話・スピーチ型　*138*
　　　　2　対話・ディスカッション型　*139*
　　　6　「話すこと・聞くこと」の授業づくりの実際 …………… *140*
　　　　1　独話・スピーチ型の授業づくり
　　　　　「資料から分かったことを、すじ道をたてて話そう」
　　　　　（光村図書3年上）を主教材とする単元の場合　*140*
　　　　2　話し合い・ディスカッション型の授業づくり
　　　　　「よりよい話し合いをしよう」
　　　　　（光村図書4年上）を主教材とする単元の場合　*144*
　　　7　話し合い・ディスカッション型の授業づくり
　　　　　「よりよい話し合いをしよう」
　　　　　（光村図書4年上）を主教材とする単元の場合 …………… *149*

あとがき ……………………………………………………………… *155*

参考文献 ……………………………………………………………… *157*

基本を大切にした国語科授業づくり

国語科の目指すこと(授業づくりの視点)

1　国語科の学習が目指すこと

　平成29年告示の新学習指導要領では、国語科における「見方・考え方」を「言葉による見方・考え方」として、次のように示された。

> 　自分の思いや考えを深めるため、対象と言葉、言葉と言葉との関係を言葉の意味、働き、使い方等に着目して捉え、その関係性を問い直して意味づけること。

平成20年告示の学習指導要領でも、国語科は言語の教育としての立場を重視するとしているが、それを一層明確にして重視したのが「言葉による見方・考え方」と捉えることができる。

　新学習指導要領では、上に記した「言葉による見方・考え方」を働かせて言語活動をすることを求め、言語活動を通して次のような資質・能力の育成を目指すこととした。

> 〈国語科において育成を目指す「知識・技能」〉
> (1) 日常生活に必要な国語について、その特質を理解し適切に使うことができるようにする。
> 　〈国語科において育成を目指す「思考力・判断力・表現力」〉
> (2) 日常生活における人との関わりの中で伝え合う力を高め、思考力や想像力を高める。
> 　〈国語科において育成を目指す「学びに向かう力・人間性等(主体的に学びに取り組む態度)」〉

> (3) 言葉がもつよさを認識するとともに、言語感覚を養い、国語の大切さを自覚し、国語を尊重してその能力の向上を図る態度を養う。

(1)(2)(3)は、学習指導要領改訂の全体方針を受け、国語科においても、育成を目指す資質・能力を3つの柱に沿った整理を行ったものである。学習過程の一層の明確化を図り、各過程における学習内容を改善・充実することで、「何を学ぶのか」「どのように学ぶのか」をより分かりやすくしようとしている。

2　学習過程の明確化（国語科の場合）

これまでも言語活動の充実が必要であることは繰り返し言われてきた。そのうえで、ただ活動するだけの学習にならないように、学習過程を例示して整理し、活動の中で育成する資質・能力を一層明確にしようとしているのが、新学習指導要領の特徴の一つである。

例えば「書くこと」では

題材の設定 → 情報の収集 → 内容の検討 → 構成の検討 → 考えの形成 → 記述 → 推敲 → 共有

「読むこと」では

構造と内容の把握 → 精査・解釈 → 考えの形成 → 共有

の学習過程を想定している。そして、当然のこととして、学習過程の冒頭に「学習目的の見通し（理解）」を置き、終末には「自分の学習に対する考察（振り返り）」と「次の学習活動への活用」を置くことになるだろう。学習者である子ども自身が、どのようなステップを通って、どのように学んでいくかを自覚できるように単元の学習過程を構想していくことが求められる。（学びの自覚）。

3　国語科における「主体的・対話的で深い学び」

3−1　「主体的・対話的で深い学び」になる単元を構想する

　「主体的・対話的で深い学び」とは、アクティブ・ラーニングの視点から言語活動を充実させ、学びの過程の質の向上を図ることである。「答申」では、それぞれの視点に立った改善のポイントを例示している。

〈「主体的な学び」の視点〉
○学習の見通しを立てたり振り返ったりする学習活動を計画的に設ける。
○実社会や実生活との関わりを重視した学習課題として、子どもに身近な話題や現代の社会問題を取り上げたり自己の在り方生き方に関わる話題を設定したりする。
○学習を振り返る際、子ども自身が自分の学びや変容を見取り、自分の学びを自覚することができ、説明したり評価したりできるようにする。

〈「対話的な学び」の視点〉
○子ども同士、子どもと教職員、子どもと地域の人が、互いの知見や考えを伝え合ったり議論したり協働したりする。
○本を通して作者の考えに触れ、自分の考えに生かす。
○互いの知見や考えを広げたり、深めたり、高めたりする言語活動を行う学習場面を計画的に設ける。

〈「深い学び」の視点〉
○「言葉による見方・考え方」を働かせ、言葉で理解したり表現したりしながら、自分の思いや考えを広げ深める学習活動を設ける。
○子ども自身が自分の思考の過程をたどり、自分が理解したり表現したりした言葉を、創造的・論理的思考の側面、感性・情緒の側面、他者とのコミュニケーションの側面からどのように捉えたのかを問い直して、理解し直したり表現し直したりしながら思いや考えを深めるようにする。
○思考を深めたり活性化させたりしていくための語彙を豊かにする。

3-2 「主体的・対話的で深い学び」になる本時を構想する

　これらは、単元を構想するときの視点であると同時に、1単位時間（本時）を構想するときにも大切な視点となる。それぞれの時間が「主体的・対話的で深い学び」になるように、大切にすべきことを整理する。

① 主体的な学びにするために
　○子ども自身が目的や必要性を意識して取り組めるように、学習の見通しを立てる学習場面を大切にする。教師に一方的に与えられためあてでは、主体的な学びにはならない。一方で、子どもに任せていたのでは、深い学びにつながる価値ある学びになりきらない。授業導入時の活動を通して、価値ある学びにつながるめあてをつかませていきたいものである。
　○子ども自身が目的や必要性を意識して取り組めるように、学習を振り返る学習場面を大切にする。そのためには、深まった内容を振り返るだけでなく、どのように深めたのかという方策を明らかにすることが必要である。子ども自身が自分の学びの変容に気付き、それを説明したり評価したりする中で、その伸びを自覚できるようにしたいものである。

※「めあて」と「まとめ」を大切にして充実させることが、主体的な学びにするための鍵になる。

---

② 対話的な学びにするために
　○自分を取り巻く「他者との対話」と情報の送り手である「書き手との対話」の活性化を図る。
　　子どもが挙手をして、活発に話し合っていたらいいわけではない。めあてについてもった考えを発表して情報交換する話し合い（発表会的な話し合い）と、価値ある学びにつながる深まりに気付いていく話し合い（探求的な話し合い）の違いと連続性を意識して話し合いを構想する必要がある。
　○対話という協働によって学びが深まった、学び方が分かったという実感

をもたせる。「他者との対話」においては、互いの知見や考え方の共通点や相違点を整理し論点を明確にし、「書き手との対話」においては、書きぶりや文章構成の工夫などについて話題にして書き手の意図を考える機会をつくるようにする。

> ※発表会的な話し合いと探求的な話し合いの違いと連続性を意識して話し合いを構想する。

③ 深い学びにするために
○「言葉による見方・考え方」を働かせ、「理解し直す、表現し直す」ことが重要である。言葉に着目し、言葉への自覚を高める「言葉による見方・考え方」を意識させる必要がある。自分のとらえた意味世界の広がりや深まり、その契機や要因を伝え合うことで深さの実感につながる。

> ※「何を学んだのか（内容の深まり）」「何が学べたのか（活用した学び方）」を明らかにするために「理解し直す、表現し直す」まとめの活動を仕組む。

④ まとめ
　本時を「主体的・対話的で深い学び」にするためには、問題解決の学びを当たり前に仕組むことから始まる。①②③④⑤を成立させているならば、「主体的・対話的で深い学び」になっているはずである。

[１単位時間の問題解決的な学びの典型]

めあてをもつ
↓
一人学び

学び合い
（Ⅰ発表会　）
（Ⅱ話し合い）

① 適切なめあて（課題）が不可欠……子どもが自分の考えをもちたくなるようにしたい。
・多様な考え（根拠の幅、レベル差も含む）が生まれるような質のめあての文言
② 全員が「学びの土俵」に上がることを目指した一人学び
③ 発表会で、もった考えをしっかり出し合わせる。
④ 焦点化した話題による話し合いを位置付ける。
・子どもに任せておいたのでは深まらないと想定されるところを話題にする。

まとめ 振り返り	⑤ まとめは、原則として一人学びに戻す（学びの成果として自覚させたい）。 ・内容だけでなく、「学びの方策」として意識させることが必要！ ・よりよいまとめとなるように、「学びのプロセスを振り返る場」の設定

主体的な学びにするために	① 適切なめあてをもたせる。 ② めあてに連動した一人学びを成立させる。 ⑤ まとめを充実させる。
対話的な学びにするために	③ 拡散的・累積的な話し合いを充実させる。 ③→④ 焦点化する話題を見つけ出す。 ④ 連鎖的・探求的な話し合いを位置付ける。
深い学びにするために	⑤ 内容の深まりと活用した学びの方策を意識させる。 ⑤ 学びのプロセスを振り返り、自らの成長を自覚させる。

4　国語科「読むこと」の学習が目指すこと

　国語科「読むこと」の学習で培いたい子どもの姿を一言でいうならば、「物語／説明文を読むって、おもしろい」とつぶやく子どもを育てることであろう。その「おもしろい」は、次の３つのことから形成される。

① 何かに反応して、おもしろいと感じることができたとき 　　　　　　　　　　　　　　　　　　　（感性で感じるおもしろさ） ② おもしろいと感じた理由をことばの力として納得したとき 　　　　　　　　　　　　　　　　　　　（論理で考えるおもしろさ） ③ 能動的に作品にかかわったという印象をもつことができたとき 　　　　　　　　　　　　　　（主体的な読み手になれた喜び・自己有用感）

すなわち、子どもが自分で作品とかかわり、自分の読みを生み出すことができたときに①＋②＋③が整い、読むという行為をおもしろいと感じることができるのである。

4－1　文学教材を「読む力」

国語科「読むこと」の中でも、文学教材を「読む力」となると、次の２点が考えられよう。

> ※　読み手自身が作品の表現や仕掛けに反応しながら、意味世界やイメージ世界を生み出していく行為。（読者としての反応力）
> ※　一人ひとりが、自分自身の読みを成立させ、反応の仕方を獲得し、蓄積していくこと。（読み方の自覚と獲得）

この両方が成立したとき、子どもは、「物語文を読むって、おもしろい」とつぶやくと考えられる。「教師の読みを前提とし、子どもの読みを枠にはめ、一つの正解を押しつける授業」「根拠のない『気持ち発問』を多用し、『あれもこれもみんないい』とフィーリングの展開をする授業」……　などでは、子どもが「読むことがおもしろい」とつぶやくことはあり得ず、読む力がつくことはない。

こういった力を育てるための授業をつくるためのポイントを整理すると、次のようになる。

> （1）感性で感じるおもしろさを見つけるために
>   〇直観（初発感想）をきちんともたせ、交流させる〈１次の読みを確実に行う〉
>   〇直観で見つけたおもしろさを確かめる段階をもつ〈２次の前半の読みは感性から〉
> （2）論理で考えるおもしろさを見つけるために
>   〇感性で見つけたおもしろさを交流する中で、有用な読み方を見いだす〈教師の位置づけ〉
>   話題を焦点化して、有用な読み方で内容を読み取る〈内容の深まり＋読

み方の確認〉
（3）主体的な読み手に育てるために
　○適切な問題解決が保障された授業を日常的にする
　○子どもの主体的な活動にするためのポイント
　　・教師の指示通りにやらされている活動からの脱却
　　・「どういう（質の）」めあてを「どのようにして」もたせるのか
　　・「一人学び」の保障
　　・一人学びでもった考えを発表（情報交換）する場の保障
　　・（必要に応じて）話題を焦点化して、分析的に読む必然をつくる（中心発問）
　　・まとめでは、読み方を確かめて、蓄積していくことを重視

　①感性でおもしろさを見つけ、②論理で考える中で「読み方」を獲得していく。問題解決型の追求学習の中で両者（①＋②）を成立させたとき、子どもは、主体的な読み手になり、「読む」という行為がおもしろいと感じる。この時、子どもは、読む力を獲得しているのであり、「学力が伸びる」ということになる。

4-2　説明文教材を「読む力」

　説明文の学習では、論理を直観して、論理的全体的把握〈問いと答え・筆者の主張の把握〉することと、説明文（論説や評論も含む）の情報に反応する力（その文章で提示されている課題とその解決結果に反応する力、それに対する読者として（読者の側の視点から必要な情報に反応する力）を培うことが大切である。

　また、説明文は、筆者が伝えたいこと（主張）をデータ（事例）をもとに理由付けして、論理的に分かりやすく書かれた文章である。「主張」「データ」「理由」の関係を見つけ出し、自分の言葉で説明できるようにする中で、論理的思考力を培うことができる。

その時培うことができる力を具体的に挙げると次のように整理できる。

〈説明文の学習で培う論理的思考力〉
○相手を納得させるためには、どのようなデーターを用意し、理由づけすればよいかを考える力（書き手の立場から、論理的表現〈説得の論法〉について吟味する力）
○書き手の主張は、客観的なデーターに基づいて述べられているのか、十分なデーターから理由づけがなされているのか、一面的ではないか……のように見極めていく力
　（読み手の立場から、書き手の論理の進め方〈納得できるかについて〉を評価する力）

第2章

若い先生の授業作りを巡る悩み

　2013年度卒業生から、教員免許を取得する学生を対象に「教職実践演習」の授業が始まった。この授業は、現場で子どもに指導し始める前の4年生での履修が義務づけられている。ある大学では、家庭訪問、学級懇談など誰もが現場で直面することをロールプレイで疑似体験したり、ボランティアなどの実体験を振り返ってよりよい実践にする方策について話し合ったりすることを取り入れた。大学の授業で仮想空間をつくってできる限りのことを体験させ、学校現場で即通用する実践力をつけさせることを目的としている。学校現場で実体験をしなくては学べないことはたくさんあるが、現場にはどういうことが存在し、どういうことに気をつけて対応していくべきなのかという覚悟をもたせることを狙っているといってもいいだろう。

　この授業の中で、卒業が近づいた4年生にアンケート調査で「今、不安なこと」を尋ねたところ、国語科の授業作りに不安をもっている学生が多いことが分かった。また、「どこから、どう手をつけてよいかが分からない」という声も多かった。そこで、国語科の授業びらきのノウハウを示した資料（ハンドブック）を渡して、それが役立つかどうか試してみることにした。

1　アンケート調査の実施

　前述した「教職実践演習」の授業の中で、卒業が近づいた1月末に履修している4年生を対象にアンケート（記述回答）を行った。尋ねたのは、次の3点についてである。

> ①　学校現場で勤めるにあたって、今、不安なことは何ですか？
> ②　授業実践を始めるにあたって、今、不安なことは何ですか？
> ③　①や②の不安を軽減するためには、何が分かれば助かりますか？

※「教職実践演習」（小特コース）受講者71名のうち4月から学校現場で教諭、講師等で勤務を予定している51名から回答があった。
※記述内容を分析・整理したものを上位5番目まで記載する（2つ以上に重複した回答もある）。

2　アンケート調査の回答

> ①　学校現場で勤めるにあたって、今、不安なことは何ですか？　理由も含めて書いてください。

　1）何もかもが不安 ………………… 23名
　2）毎日の授業 …………………… 18名
　3）学級経営、生徒指導 ………… 7名
　4）保護者対応 …………………… 5名
　4）社会人としての言動等 ……… 5名

② 授業実践を始めるにあたって、今、不安なことは何ですか？　また、特に気になっている教科・領域は何ですか？　理由も含めて書いてください。

1）授業準備 ………………… 24名
2）授業の構想 ……………… 19名
3）学習の進め方や規律 …… 14名
4）子どもの反応 …………… 6名
5）保護者の反応 …………… 5名

〈特に不安な教科・領域〉
1）国語科 …………………… 35名
2）総合的な学習 …………… 15名
3）体育科 …………………… 11名
4）理科 ……………………… 8名
5）音楽科 …………………… 7名

③ ①や②の不安を軽減するために、何が分かれば助かりますか？

1）授業作りの方策が分かる資料
2）教材研究の進め方が分かる資料
3）模擬授業を見せてほしい、やりたい
4）何から手をつければよいかが分からない
5）実験や観察の準備の仕方を知りたい
5）伴奏譜などで今から練習しておきたい

3　回答の内容と分析

> ①　学校現場で勤めるにあたって、今、不安なことは何ですか？　理由も含めて書いてください。

○「何もかもが不安」が23名（44.2％）と飛び抜けて多いのは、実際に教壇に立つ日が近付いてくると、何から何まで不安なことばかりで、これといって絞りきれないということだろう。言い換えると、何から準備を始めたらいいのかヒントがほしいということとも考えられる。

○「毎日の授業」が12名（23％）と多いのは、教育実習では1コマの授業に時間をかけて準備することができたが、毎日のこととなると、どういう準備の進め方をすればいいのかが分からない。また、インターンシップなどでよく教室で授業を参観する機会はあったが、自分の力で授業を作った経験が少ないことからだろう。

○「学級経営、生徒指導」と応えた7名（13.4％）の中には、「子どもが自分の言うことを聞いてくれるのかが不安（3名）」「教育実習やインターンシップでは、子どもと遊ぶことで関係を作っていった。それが実際に通用するのか。そういう時間をつくることができるのか（3名）」という声があった。

○「保護者対応」では、「保護者からの信頼を得られるだろうか」「どうしたら信頼されるのかがイメージできない」「社会人としての言動」では、「本当に毎朝きちんと起きて出勤できるか」「教育実習は4週間だったから気合いで乗り切ったが、その感じでずっと続けられるのだろうか」「職場の先輩や同僚たちとうまくやっていくことができるか」などの声があった。

> ②　授業実践を始めるにあたって、今、不安なことは何ですか？　また、特に気になっている教科・領域は何ですか？　理由も含めて書いてください。

○「授業準備」を挙げる学生が24名（51.9％）と最も多かった。教材研究などをする時間の確保ができるのかどうかが見通せないのが一番の要因と考えられる。「ワークシートなど学習材の作成、実験観察や活動の場づくりなどの授業準備は、いつするのだろうか」という疑問の記述も複数あった。

○「授業の構想」を挙げる学生が次いで多く、19名（36.5％）だった。教育実習の時には、担当教員と相談して授業を構想した。大学の授業では、グループで話し合いながら構想を進めている。本時のめあてやまとめ、中心発問などを自分で全部考えられるかという不安が大きいようだ。また、「数時間から十数時間にわたる単元構想をする自信がない」という記述もあった。

○「学習の進め方や規律」と応えた14名（26.9％）の中には、「教育実習では、すでに学習規律などができているところで授業をさせてもらったので、初めからつくることを体験していない」「学校や学年で合わせなくてはならないところと、自分で考えてよいところが区別できるか」という不安の声があった。

○「子どもの反応」では、「子どもから『どうしていいか分からない』『分かるように教えてほしい』などの注文があったときに対応できるだろうか」「周りのクラスと教え方が違うなどということにならないか」などの不安の声があった。

○「保護者の反応」では、「授業のことでクレームが来たら、どう対応していいか分からない」「参観日に授業を見られて、その後に懇談があるのかと思うと憂鬱になる」の声があった。

〈特に不安な教科・領域〉
○「国語科」が一番多かったのは、授業数が他　教科・領域と比べて断然多く、毎日授業があることが影響していると思われる。教材研究や授業準備が追いつくのかという心配が大きいのだろう。加えて、ノートの記述のさせ方、話し合いのさせ方、音読のさせ方など、他教科・領域などでも使う

授業中の学び方の基盤になることを学習内容として含んでいることから、国語科がうまくいかないと影響が大きいと考えたのだろう。
○「総合的な学習」が予想以上に多かったのは、この領域はスクールスタンダードで、地域と連携したり、学校独自のカリキュラムを創ったりしていくというところがイメージしにくく、不安につながっているものと思われる。
○「体育科」が多いのは、教室以外の空間で子どもが開放的になりがちなのを、授業としてコントロールできるのかという不安が多かった。また、自分が受けてきた体育科の授業と、大学で学んだ体育の授業作りの違いに触れて、「本当にそんなふうにできるのか」「していいのか（すべきなのか）」という不安もあった。
○「理科」については、実験や観察など授業の準備を自分だけで整えることができるかという不安が多かった。「音楽科」では、伴奏をはじめとする自らの技能を心配する声と、「子どもが歌ってくれないなどの状況になったときにどうしようか」という不安の声があった。

> ③　①や②の不安を軽減するために、何が分かれば助かりますか？

○「授業作りの方策が分かる資料」「教材研究の進め方が分かる資料」がほしいというのは、2月、3月を利用して、少しでも準備を始めておきたいということだろう。教職支援センターの学生閲覧室で教科書の指導書を見ながら準備をしている姿をよく見かけることからも、学生の熱心さが伺える。
○「模擬授業を見せてほしい、やりたい」というのも、大学2年生、3年生の授業で扱われたことを、現場で授業をする自分に置き換えて、その先を体験したいということと考えられる。
○「実験準備の仕方を知りたい」「伴奏譜などで今から練習しておきたい」などは、②の質問の〈不安な教科・領域〉で挙がってきた回答と呼応している。大学での授業で概略はつかめたつもりになっていたが、いざ自分が

授業をするとなると、準備の仕方や授業に向けての自分の技能が気にかかり始めたのだろう。

4　アンケート調査を受けて

　アンケート調査から、国語科の授業づくりに不安を感じている学生が多いこと、学習の進め方や学習規律の作り方やが分からないと感じている学生が多いこと、授業作りの方策や教材研究の進め方が分かる資料があれば、それを使って準備を始めたいという前向きな学生が多いことなどが分かった。国語科の授業開きの進め方の一例とその時に留意すべきことを示した資料（ハンドブック）を渡して、それが役立つかどうか試してもらうことにしたのが、次章からの「国語科の授業開き」である。

　初任者が担当する可能性が高い学年を念頭に、2年生、3年生、4年生、5年生（光村図書版）のハンドブックを作成した。1年生と6年生については、初任者が最初から担当する可能性が低いことと、それぞれの学年の事情があるであろうことから、もし担当することがあれば、個別に対応することとした。

国語科の授業開きの一方策

　前章の実態を受けて、これから新卒教員になろうとしている４年生の学生に渡した「国語科授業開きハンドブック」である。何から手をつけていけばいいのかについての道筋と、授業開きの中で、学習のルールを一つひとつ作っていく（確認していく）ことを中心に示したモデルプランである。なお、ハンドブックの最初には次のことを記述して使う前に確認している。

※仮に、こうした授業づくりをすると、国語科「読むこと」の授業展開の中で必要な主なルール、やり方は一通り提示したことになる。
※その中で、発表の仕方や話し合いのルールや書く活動の時のルールは、教科を超えた様々な授業に活用できる基盤としてのルールとして発展していくはずである。
※「めあてがあって、めあてについての考えを表現する活動がある」問題解決型の授業展開を当たり前にすることができる。
※ただし、ここに示したハンドブックは、授業作りの際に考えるべきポイントを整理して示したものであって、ハンドブックの通りに授業を進めることが大切なのではない。柔軟さをもって読み、自分なりのこだわりのある授業づくりをしてほしい。

1　2年生第1教材「ふきのとう」を活用した授業開きの例

1-① 単元づくりのコンセプトを考える

○教科書的には「音読をしよう」となっているが、本当に音読に向いているのか。
　→ 会話文が多く、会話のやりとりでお話が展開していることから、音読という言語活動に向いていることは確か。
○それでは、結果としての音読なのか、読み取るための活動なのか。
　→ 音読には向いている教材であっても、取って付けたような音読では、よい学びにはならない
　※結果としての音読ではなく、自分の読みをつくるため、読み取ったことを自他に知らせるための音読を言語活動として組み込みたい。
○作品の特徴（おもしろさは何か）
　・「ふきのとう−雪−竹やぶ−はるかぜ−お日さま」のつながりがおもしろい。
　・順序がはっきりしている。
　・登場人物の様子や気持ちをそのままストレートに読み取ることができる。

1-② 目標（求める子どもの姿）を設定する

A　あらすじを大筋でとらえることができる。
B　おもしろいところ（心に残るところ）を見つけることができる。
C　見つけたおもしろいところを発表したり書いたりできる。
D　順序やつながり、比べるなどの読み方を使うことができる。

○Aは、一次１時の中でクリアーしておきたいことである。あらすじを読む時の基本的な方策は、挿絵を利用して、「誰が出てくるか」「そのことは何をしているか」を語らせることである。Aは、全員に確実に到達させたい内容である。

○B、Cは、読むことの中核的な目標である。見つけるだけでなく、発表し合うところまで求める。おもしろさには、直観としてのおもしろさと、読みが深まることでもてるおもしろさの両方があることを知り、両方を大切にする指導を展開したい。

○Dは、おもしろさを見つける（B、C）中で、その見つけ方（読み方）を自覚させたときにつく力である。「○○というおもしろさを見つけることができた」ということを前提にして、「どういう読み方をしたから見つかったのだろうか」を考えさせていくことが基本となる。

１－③ 身につけさせたい（確認したい）ルール（学習規律や学習活動の進め方）

〈音読に関すること〉

　ア　音読の仕方（立って読むとき、座って読むとき、教科書の持ち方など……）

　イ　黙読の仕方

　ウ　バラバラ音読の仕方

〈話し合いに関すること〉

　エ　発表の仕方（挙手の仕方、返事、立つのか座ったままか、立つとして椅子は？……）

　オ　ペアトークなどを取り入れるか、入れないか。

　カ　机・椅子はそのままか。コの字、ロの字などへの工夫をするのか。

〈ノートに書くことに関すること〉

　キ　ノートの書き方（日付、めあてとその囲み方、何をどう書けばいいの

か？……)
(板書を写すのか、写さないのか)
(話し合っているときに書いていいのか、鉛筆を置かせるのか)
ク　<u>ワークシートの扱い方</u>（ノートに貼って提出する……)
ケ　<u>全文提示型ワークシートへの書き方</u>（これですべてではないが、最低限どうするかを考えておく必要がある学習のルールである。学校、学年によっては、すでに決まっている場合もあるので、授業開きまでに確かめておくとよい)。

　ここに挙げたようなルールについては、子どもと一緒に話し合って決めるような類いのものではない。授業者が、「（こういう意図で、）このクラスではこうする」と決めればそれでよい。1年間同じルールで過ごす必要はなく、よりよいルールが見つかったら、発展的に変更していけばよい。
　ルールを指導していくうえでの基本は、授業の中で、1つずつ確実にルールを紹介して、実際に体験させて、確認していくことである。慌てないで1つずつ丁寧に指導していく粘り強さが必要である。

・一度で定着するはずがない。
・できる子もいるが、できない子もいる。
・できない子を責めるのでなく、できる子どもを少しずつ増やしていく。
・この時間に学んだこと（できるようになったこと）を確かめる。
・ルールの内容ができたのは素晴らしいこと。できて当たり前の姿勢（目線）にならないこと。

1－④ 授業開きの実際（展開例）

【一次の展開例・全3時間】
《一次1時》
①　範読を聞く。（子どもは黙読）　　<u>（ルール・イ）黙読の仕方</u>

② 音読をする。　　　　　　　　（ルール・ア）音読の仕方
③ あらすじを確かめる。
　（挿絵を利用……板書に掲示して並べ替え → １枚１枚について語らせる）
　「この場面（絵）には、○○が出てきます。　○○は、△△をしました」
　※低学年では、特にあらすじを読み取るための方策として子ども自身に認知させたい。
　　数人が発表できればいいのではなく、少し粘って、多くの子どもに語らせていきたい。

《一次２時》
① バラバラ音読の練習　(ルール・ウ）自分のいいと思う速さ、大きさ、間の取り方で読む。
② あらすじを確かめる。
　前時の学習を振り返って、発表させる。
③ 感想を書く
　（ルール・キ）初発の感想は、一文で短く書けばよい。〈直観の記し方〉
　・短い感想をたくさんもてたら、もっとよい。
　・「○○は、（□□して）△△だな」の型を使ってもよい。
　・ノートに書かせてもいいが、１時間の中でたくさんのルールと出会うと苦しい子どももいるので、ワークシートを活用するのもよい。その時、日付、めあて「かんそうを書こう」はすでに印刷しておくのもよい。
　（太めの縦罫のシート。１つの罫に１つずつに感想を書かせる）
　（後でノートに貼って提出－周りを少しカットしておくと貼りやすい）
　（ルール・ク）ワークシートは、原則としてノートに貼って提出。
　※「ワークシートに書くこと＝ノートに書くこと」ととらえればよい。

《一次3時》
① バラバラ音読の練習（ルール・ウ）自分のいいと思う速さ、大きさ、間の取り方で読む。
② 前時に書いた感想（ワークシート）を振り返り、1つ選んで、短冊に書く。（名前ペンまたは6B鉛筆があれば便利）
③ 書いた感想を発表する。（ルール・エオ）発表の仕方
④ 発表した感想を黒板に貼る。
（黒板には挿絵を掲示しておき、子どもがその下へ自分で貼っていく）
⑤ ［話し合い］
　●「何を読み取る（見つける）ことができそうかな？」
　　（黒板に貼った感想の短冊をゆっくり見せて、多いもの、つながりがあるものなどで整理をしていく）
　●「たくさんの人が書いた感想は何かな？」
　　→ 春風さんが寝坊をしていておもしろい。
　　→ ふきのとうさんは、出られてよかった。
　　→ みんながよくなったから、よかった。
　　→ 雪も竹やぶも困っていた。……
⑥ 見つけたおもしろいところをノートに書く。
（ルール・ク）日付、めあて、それの囲み方
　書く内容 → 本時は、黒板を視写すればよい。
〈ノート例〉
4/□
　め　おもしろいところを見つけよう。

よかった　たいへんだ　がんばっている　こまった　ごめんなさい ざんねんだ　きもちいい　さわやか　など

※おもしろ見つけのメニュー表ができたことになる。

【二次の展開例・全4時間】
《二次1時》
［導入］
① 一場面をバラバラ音読する（または、指名　音読する）（ルール・アまたは、ウ）。
「誰が、どうしている場面ですか？」（挿絵を活用してあらすじの確かめ）
　　［めあて → 一人学び］
② めあてをもつ。
「この場面では、何がみつかりそうですか？」
→ 頑張っている、残念だなどを見つけよう（これが、そのままめあてになる）。
③ 全文提示型のワークシートに自分の考えを書く。
（ルール・ケ）書き込み型での自分の考えの書き方
（板書に同様の全文を掲示して、書き方を示してやるとよい）
［話し合い・前半（発表会）］
④ 書いた考え（書き込み）を発表する。
（ルール・エ）書いたことを読む時の発表の仕方
［話し合い・後半］
⑤「よいしょ、よいしょ……」の言い方を話題にして、音読練習して、その後話し合う。
●「どうして、そんなに小さい声にするのか？」
「頑張っているのに、小さい声でいいのか？」
→ 雪が出にくくしているから、仕方がないんだ。
［まとめ］
⑥ まとめを書く。
［「頑張っている」が一番よく見つかったところを部分視写する］
（ルール・キ）視写の仕方（先生と同じ速さで書く。文節ごとに覚えて書く）。

(例) ㊟「よいしょ、よいしょ。そとがみたいな。」そとを見ようと、力を入れてふんばっているから。

《二次2時》
［導入］
① 二場面をバラバラ音読する（または、指名　音読する）（ルール・アまたは、ウ）。
「誰が、どうしている場面ですか？」（挿絵を活用してあらすじの確かめ）
［めあて→一人学び］
② めあてをもつ。
「この場面では、何がみつかりそうですか？」
→ごめんなさい、残念だなどを見つけよう（これが、そのままめあてになる）。
③ 全文提示型のワークシートに自分の考えを書く。
(ルール・ケ) 書き込み型での自分の考えの書き方（2回目）
（黒板に同様の全文を掲示する。前時に続いて2度目なので、少し任せて活動させてみる。書きにくい子どもには、個別の支援）
［話し合い・前半（発表会）］
④ 書いた考え（書き込み）を発表する。
(ルール・エ) 書いたことを読む時の発表の仕方（2回目）
［話し合い・後半］
⑤ 発表をもとにして話し合う。
　●雪と竹やぶの似ているところを探そう。
　　→「どちらも　～　」
　●「ごめんね」「すまない」と最後の2行の「　」は誰に言っているのか？
［まとめ］
⑥ まとめを書く。

［「残念」が一番よく見つかったところを部分視写する］
　③　「ごめんね」「すまない」自分がわるいわけではないのに、ふきのとうのために言っているから。
　(ルール・キ) 視写の仕方 (先生と同じ速さで書く。文節ごとに覚えて書く) ２回目

《二次３時》
［導入］
①　三場面をバラバラ音読する（または、指名　音読する）(ルール・アまたは、ウ)。
　「誰が、どうしている場面ですか？」（挿絵を活用してあらすじの確かめ）
　［めあて → 一人学び］
②　めあてをもつ。
　「この場面では、何がみつかりそうですか？」
　→ よかった、ごめんなさい、へんだを見つけよう（これが、そのままめあてになる）。
③　全文提示型のワークシートに自分の考えを書く。
　(ルール・ケ) 書き込み型での自分の考えの書き方（３回目）
　（黒板に同様の全文を掲示して、書き方を示してやるとよい）
［話し合い・前半（発表会）］
④　書いた考え（書き込み）を発表する。
　(ルール・オ) ペアトークを取り入れ、隣の友達に書き込んだことを紹介してから、全体の話し合いに入る。
　(ルール・エ) 書いたことを読む時の発表の仕方（３回目）
［話し合い・後半］
⑤　お日さまやはるかぜの「　　」を音読にして練習を重ねたのち、話し合う。
　●「今までの場面とのちがうところはどこか？」

→「お日さまは笑っている」「はるかぜはあくびをしておまちどおと言った」

● 「1場面や2場面の「　　」の音読と比べると分かってくるね」。

(ルール・ア) 音読の工夫の仕方 → 速さ、大きさ、間を中心に

［まとめ］

⑥　まとめを書く。

　　［「よかった」が一番よく見つかったところを部分視写して、考えを書く］

　　ま　はるかぜが、「おまちどお」といっておきたこと。むねにいっぱいいきをすってかぜをふかしたからよかった。

(ルール・キ) 視写の仕方（先生と同じ速さで書く。文節ごとに覚えて書く）。3回目

《二次4時》

［導入］

①　四場面をバラバラ音読する（または、指名　音読する）(ルール・アまたは、ウ)。

「誰が、どうしている場面ですか？」（挿絵を活用してあらすじの確かめ）

［めあて → 一人学び］

②　めあてをもつ。

「この場面では、何がみつかりそうですか？」

→　よかった、気持ちがいいなどを見つけよう。

③　全文提示型のワークシートに自分の考えを書く。

(ルール・ケ) 書き込み型での自分の考えの書き方（4回目）

（黒板に同様の全文を掲示して、書き方を示してやるとよい）

［話し合い・前半（発表会）］

④　書いた考え（書き込み）を発表する。

(ルール・オ) ペアトークを取り入れ、隣の友達に書き込んだことを紹介してから、全体の話し合いに入る（2回目）。

（ルール・エ）書いたことを読む時の発表の仕方（4回目）
（可能であれば、発表をさせていること、次の話し合いにつながっていくとよい。指名順を工夫する）
⑤　発表をもとにして話し合う。
［話し合い・後半］
- 「誰が気持ちいいのですか？」
- 「春風がふくと（竹やぶがうれしいのは分かるけれど）、ふきのとうもうれしいのかな？」
※「はるかぜ―竹やぶ―雪―ふきのとう」の関係を子どもが自分の言葉で説明するように仕向ける。
- 「みんな気持ちいい中で、『ふきのとう』が題名になっているのはどうしてだろうか？」
　→　ふきのとうは、出てこようと一番がんばっていたから。
　→　一番下にいて、一番大変だったから。
⑥　まとめを書く。
　［「気持ちいい」が一番よく見つかったところを部分視写する］
　　㊪「ふかれて、ゆれて、とけて、ふんばって、―もっこり」みんながおもいどおりになって、いいきもちになっている。
（ルール・キ）視写の仕方（先生と同じ速さで書く。文節ごとに覚えて書く）4回目

【三次の展開例・全1時間】
《三次1時》
①　全文を読む（リレー音読、バラバラ読み）。
　（ルール・アとイを確認できる）
②　読み終わっての感想を書く。
　めあて　終わりの感想を書いて音読しよう。
　◎書き方（型）を示す。

「一ばんすきだなあとおもう（心にのこっている）ところは―
そうおもうわけは、　～　　」
(ルール・キまたはク) 感想は、心に残ったところとその理由で表現すればよい。
③　初めの感想と比べさせてみる。
　※単発の言動に反応していたのが、つながりや比べることに反応していたら、読み方として大変な伸びである。しっかり称揚したい。
　〇感想をワークシートに書かせたならば、それを短い間掲示して見合えるようにするのもよい。その後は、ノートに貼らせる。
④　気に入ったところについて、音読練習する。
　(ルール・ア) 音読の工夫の仕方 → 速さ、　大きさ、　間を中心に
　〇気に入ったところに合った音読になるように、これまでの学習（音読の仕方）を振り返って、使える工夫を駆使させるとよい。
⑤　隣（グループ）の友達に音読と気に入ったわけ（感想）を伝える。
　・ペア（グループ）を変えて紹介し合う。
　(ルール・オ) ペア（グループ）で音読とそこを選んだ理由を紹介し合う。

2　3年生第1教材「きつつきの商売」を活用した授業開きの例

2－①　単元づくり（主教材「きつつきの商売」）のコンセプト

〇教科書的には「音読しよう」→ 音読に向いているのか
　　　　　　　　　　　　　結果としての音読なのか、読み取るための活動なのか。
※登場人物が限られていて、言動がはっきりしていることから、音読には向いている教材。しかし、取って付けたような音読では、よい学びには

ならない。
　※もし、音読を中心とするならば、結果としての音読ではなく、自分の読みをつくるため、読み取ったことを自他に知らせるための音読にしたい。
　●<u>音読に特化しなくても国語科・文学の読みは成立する。</u>
　※「おもしろいところ」を見つけて、おもしろさを醸し出している登場人物の特徴や情景描写を根拠として見つけ出す（読み取る）。→　２つのお話を比べる　→　自分でシリーズのお話を作る……など

〇作品の特徴
　・あらすじはつかみやすい。２場面、２つの話にはっきり分かれている。それぞれで独立したお話だが、比べる活動（思考）を入れるのはおもしろい。
　・きつつきが作った音を音読し、その読み方の特徴を作り合う中で、きつつきの意図とお客の思いのつながりを読み取っていくことができる。
　・「きつつきがお客さんのために音をつくる」という単純で単調なストーリーを彩っているそこまでの展開・言動や情景などの役割を感じ取らせたい。

〇目標（求める子どもの姿）→
　A　あらすじ（話の展開）を大筋でとらえることができる。
　B　おもしろいところ（心に残るところ）を見つけることができる。
　C　見つけたおもしろいところを発表したり書いたりできる。
　D　順序やつながり、比べるなどの読み方を使うことができる。
　E　自分でお客やお願いする音を決めて、３場面をつくることができる

〇第一教材、単元の授業の中で、１つずつ慌てないで丁寧に身につけていく
〈失敗しないための心得〉
　・一度で定着するはずがない。

- できる子もいるが、できない子もいる。
- できない子を責めるのでなく、できる子どもを少しずつ増やしていく。
- この時間に学んだこと（できるようになったこと）を確かめる。
- ルールの内容ができたのは素晴らしいこと。　×できて当たり前

2-② 授業・単元づくりの実際（展開例）

【1次の展開例・3時間】

① 範読を聞く。(子どもは黙読)　(ルールA②) 黙読の仕方
- 音読をする。　　　　　　　　(ルールA①) 音読の仕方の大体
- あらすじを確かめる。
  （挿絵を利用……板書に掲示して並べ替え → 一枚一枚を語らせる）
  「この場面（絵）には、○○が出てきます。○○は、△△をしました」。
  → あらすじの確かめは、低学年では特に大切。多くの子どもに自分の言葉で語らせたい。
  → その後、可能であれば、ワークシート等に記させるとよい。
  ［挿絵を縮小して載せたワークシートに、あらすじのみを記させていくのも一つの方策］

　　　　　　　　　　　　　　　　　　　［ワークシート例］

② バラバラ音読の練習　(ルールA③)　自分のいいと思う速さ、大きさ、間の取り方で読む。

- あらすじを確かめる。前時の学習を振り返って、簡単に発表させる。
- 感想を書く　(ルールD①) 初発の感想は、一文で短く書けばよい〈直観〉。
  短い感想をたくさんもてたら、もっとよい。
  「○○は、（□□して）△△だなあ」の型を使ってもよい。

ノートに書かせてもいいが、1コマの中でたくさんのルールと出会うと苦しい子どもがいるかもしれない。

ワークシートを活用（日付、めあて「かんそうを書こう」はすでに印刷している）。

（太めの縦罫のシート。1つの罫に1つずつ感想を書かせる）

（後でノートに貼って提出－周りを少しカットしておくと貼りやすい）

<u>（ルールC②）ワークシートは、原則としてノートに貼って提出。</u>

※「ワークシートに書くこと＝ノートに書くこと」である。

※感想をもつことができたこと自体、素晴らしいことである。自覚させたい。加えて、仲間がもった感想を聞き合うことで、感想を整理して2次へつないでいこうとしている。

③・バラバラ音読をする。
- 前時に書いた感想（ワークシート）を振り返る。
- 1つ選んで、短冊に書く。（名前ペンまたは6B鉛筆があれば便利）
- 書いた感想を発表する。
  <u>（ルールD①）初発感想の発表の仕方（短冊を黒板に貼りながら発表）</u>
- 発表した感想を黒板に貼る（黒板には挿絵を掲示しておき、その下へ自分で貼っていく）。
- ［話し合い・ルールB②］
  「何を読み取る（見つける）ことができそうかな？」
  （黒板に貼った感想の短冊をゆっくり見させて、多いもの、つながりがあるものなどで整理をしていく）
  「たくさんの人が書いた感想は何かな？」
    ・きつつきはおもしろい商売を始めた。
    ・こんな音を聞いてみたい。
    ・野うさぎは気持ちよかっただろうな。
    ・野ねずみたちは、雨の音で気持ちよくなった。
    ・きつつきさんは、雨の音を使ってかしこいな。

・見つけたおもしろいところをノートに書く。
　　(ルールC①)　日付、めあて、それの囲み方
　　　書く内容 ― 本時は、黒板を視写すればいい

4/○　め　おもしろいところを見つけよう。

| きつつきさんは「おもしろい」「かしこい」「やさしい」
| 野うさぎさんは「気持ちいい」「うれしい」
| 野ねずみさんたちは「よかった」「よろこんだ」「わかった」

　　※このほかにもあれば、整理して挙げておけばいい。
　　※「おもしろ見つけ」のメニュー表ができたことになる。
　　※「おもしろい＝interest」「心が動いたところ」などに置き換えることもできる。

【2次の展開例・3時間】
①　○1場面をバラバラ音読する。指名音読する。
　　○「この場面では、何が見つかりそうですか？」―おもしろい、気持ちいい、うれしい……

　めあて：「おもしろい」「気持ちいい」などを見つけよう。

　　○全文提示型のワークシートに自分の考えを書く。
　　(ルールC③)　書き込み型での自分の考えの書き方（おもしろ見つけの方策）
　　→板書に同様の全文を掲示して、書き方を示してやるとよい。
　　○書いた考え（書き込み）を発表する。
　　(ルールB①)　書いたことを読む時の発表の仕方（B③）ペアトークで交換
　　◎〈残り10分の深めどころ・焦点化した問い〉

きつつきの作った「コーン」の音の読み方を話題にして音読練習（速さ、大きさほか）。

<u>（ルールA④）音読の工夫の仕方 ― 速さ、大きさ、間</u>

・「どうして、大きめの声がいいのか？」「のばすのはどうして？」

→ 余韻が長く続くすてきな音だったことを確かめられたら

　「きつつきさんは、どうしてこんな音が作れたのかな？」ときつつきの「かしこさ」へ話題を展開していく。〈言動と結果としての音、二人の満足な様子をつなぐ読み方〉

　　＝「きつつきさんは、どこでどうするとどんな音が作れるかを知っている」

　　「だから、商売にしたのかもしれないな」

※「おもしろい」「気持ちいい」などを感じさせる根拠としての言動などを見つけて、読み取っていると、こうなることをもともと想定しているきつつきの「かしこさ」が読み取れてきたというストーリーである。

※その時、〈言動と結果としての音、二人の満足な様子をつなぐ読み方〉をしたのである。使った読み方を自覚させたい。

○まとめを書く。［きつつきさんのかしこさが見つかったところを部分視写＋その理由］

<u>（ルールC④）視写の仕方 ― 言葉のかたまり（文節）を覚えて書く。そこを選んだ理由も書く（学年による）。</u>

まとめ（例）

　「野うさぎを、大きなぶなの木の下に立たせると、自分は……」
　……ここならば、いい音がつくれるとわかっていたから。
　「さあ、いきますよ。いいですか」……自信がある感じがする。
　「きつつきは、ぶなの木のみきを、くちばしで力いっぱいたたきました」
　……力いっぱいたたいたから、いい音がして、長く音がつづいたと思う。

※可能であれば、ここにそう読み取るための方策（読み方）が加わる
　　　　とさらによい。
　　→〈音を作るための言動と結果としての音、二人の満足な様子をつな
　　　ぐ読み方〉をしたから、読み取れたことを自覚させたい。
②・2場面をバラバラ音読する。指名音読する。
　・「この場面では、何が見つかりそうですか？」─かしこい、よかった、
　　わかったなど

めあて：「かしこい」「よかった」「わかった」などを見つけよう。

・全文提示型のワークシートに自分の考えを書く。
・書いた考え（書き込み）を発表する。
<u>（ルールB①）書いたことを読む時の発表の仕方（B③）ペアトークで</u>
<u>交換</u>
◎〈残り10分の深めどころ・焦点化した問い〉
　「シャバシャバ……、バシバシピチピチ、バリバリ……、ドウドウ……、
ザワザワ……」を一斉に音読させ、いろいろな音が混ざり合っているお
もしろさを体感させる。
　そのうえで、「さあ、いいですか。今日だけのとくべつな音です……」
の会話文に着目させ、どんな読み方がいいかを問いかける。
　→ その前の「かしこまりました」とつないで、自信がある読み方。
　　この後のことを予想して、楽しみな読み方。
　　子ねずみたちを静かにさせなければならないから、ちょっとだけ厳し
　　い感じでなど、その読み方をする理由を語らせたい。
　　そのうえで、「きつつきさんは、がんばったと言えるのか？」を問い
　　かける。
　　この後、雨の音を聞かせて満足させていることについて、自分なりの
　　解釈を語らることがポイント。きつつきは、こうなることを予期できて
　　いたのである。そのことが、「かしこさ」の中身であろう。きつつきの

言動をつないでいくと、当然のことという自信が感じられる。
　無料の特別メニューなのがよい。
　言動つなぐ読み方をしていることを意識させたい。
○まとめを書く［きつつきさんのかしこさが見つかったところを部分視写＋その理由］。
<u>（ルールＣ④）視写の仕方 ― 言葉のかたまり（文節）を覚えて書く。
そこを選んだ理由も書く。（学年による）</u>

まとめ（例）
「そうです。とくとく、とくべつメニューです」
「今日のは、ただです」……いいことを思いついたら、
ただにしているところがいい。
「きつつきは、木のうろから出て……」……飛びおりて
いくくらいいいことを思いついたと自信をもっている。
　→　きつつきのしたことををつなぐ読み方をしていることを自覚させたい。

③　１場面と２場面をそれぞれバラバラ音読する。指名音読する。
・「２つの場面を比べて、似ているところがありそうですか？」
「違うところがありそうですか？」

| めあて：１場面と２場面をくらべよう。 |

・急に比べると言われても具体的な方策が思いつかない子どもがほとんどのはず。そこで、「似ているところ」「違うところ」に分けて、箇条書きで書き出していくことを伝える。
　<u>（ルールＣ①）日付、めあて＋自分の考えを箇条書きで記す。</u>
　似ているところ　→　○に続けて一文程度で書く。たくさん見つかれば複数書く。

違うところ → △に続けて一文程度で書く。
　※難しそうならば、「似ているところ」にまず取り組んで、後から「違うところ」に展開してもよい。
・ノートに書いたことをもとに話し合う（発表会 → 話し合いへ）。
　(ルールB①)　書いたことをもとにグループで話し合う → 代表が発表
　グループでの話し合いの方策の基本を知らせる機会にするのもよい。
※○りょうほう、きつつきさんがお客さんに音を売っている。
　○どちらも、森で出る音でお客さんに喜んでもらっている。
　○どちらの場面でもきつつきさんは、よく考えていた。　……
　など、共通点を確かめて から相違点に目を向けさせていくのが順当。
　△一場面はきつつきさんががんばって音を出したけれど、二場面は、雨の音を使って子ねずみの親子を喜ばせた。
　△一場面は音を売ったけれど、二場面はただにしてあげた。　……
　など、相違点へ話を写すと、話の仕掛けに目が向いていく。
◎〈残り10分の深めどころ・焦点化した問い〉
　（どちらのきつつきもよく考えているという考えがあったけれど）
　「どちらのきつつきがよりかしこいだろうか？」
　（評価を含む難しい問いなので、じっくり考えさせたい。ペアトークを取り入れるのもよい）。
　→「雨の音を使って、静かにするだけで良いと教えたのは、自然の音を使っていてかしこいと思う」
　「雨の音を聞かせてあげようと思ったから、特別サービスでタダにつたのがよかった」
　「ぶなの木の上の方を思い切りたたくと、素敵な音が出ることを知っていて、野うさぎも自分も気持ちよくなっているからかしこいと思う」
　どちらかに決まることを求めているのではない。それぞれの相手の希望に合わせていることがかしこさ（ゆさしさ）なのである。そのことを子どもなりの言葉で評価していれば、今日的な学力観に直結する「熟考・

評価」の力になる。
・まとめを書く。[どちらのきつつきがよりかしこいか]
　上の話し合いの成果を記すようになる（書きにくい子どものために、上の話し合いの時にヒントになることを板書に記しておけば、まとめを書くことができない子どもはいなくなる）。

【3次の展開例・2時間】
①　全文を読む。（リレー音読、バラバラ読み）
・教科書21ページ上段の「こんな動物がお店をひらいたら、おもしろいな」を読む。
　「りす」が「そうじや」にぴったりな理由を考えさせ、説明させる。
・同様に、動物名と何屋がふさわしいかを考えて発表し合う。
　→ ペアトークやグループの発表会で出し合うのもよい（グループの代表が発表）。

| めあて：ほかの動物が出てくるお話を作ろう。 |

○ワークシートにお話の骨組みを書く。
　・主人公の動物は誰なのか
　・何屋を開くのか
　・お客は誰なのか
　・お客は何を頼むのか
　・主人公の動物はそれにどう返すのか
　→ これらが決まれば、お話の筋が決まったことになる。
○ワークシートをもとに、グループでお話の骨組みを紹介し合う。
　<u>（ルールB①）　書いたことをもとにグループで紹介し合う</u>
　考えをまとめる必要はないので、お互いに聞き合うことが中心になる。
○自分以外のおもしろそうなお話について発表して、本時のまとめに換える。

② ・前時に書いた骨組みのワークシートをもとに、実際にお話を作る。
　めあて：ほかの動物が出てくるお話を作ろう。
　　・書き易いようにワークシートを用意し、パーツごとに書き上げさせていく。
　　○まず、お話の入り口を書く。
　　　　□が、お店を開きました。
　　　　それはもう、□にぴったりのお店です。
　　　　　これを基本の型にして、付加する形で、入り口を書かせる。
　　○お話の出口（最後）を書く。
　　　　お客さんの□は、にこにこ顔になりました。
　　　　□も□も、とてもいい気持ちです。
　　　　　これを基本の型にして、付加したり変更したりする形で、出口を書かせる。
　　○入り口と出口が決まったところで、「なか」を書いて、入り口と出口をつなぐ。
　　　　お客の□がやってきました。
　　　　「何にしましょうか？」と□がたずねると、□は
　　　　「□をください。だって、□だから」
　　　　　これを基本の型にして、付加したり変更したりする形で、「なか」を書かせる
　　○入り口 → なか → 出口の順に自分で並べ替えて、読み返す。
　　　　・ペアやグループの友達に自分の作った話を話す（聞いてもらう）。
　　　　・清書し（ワークシートを貼り合わせて）、挿絵などを描いて、仕上げる。

※「感想を書こう」という３次もあるだろう。動物や人間が開いた不思議なお店をテーマにして読書へ展開していく３次も考えられる。教科書・学習の手引のように音読中心にした展開もできなくはない。

※その中で、ここでは、お話の楽しみ方として、「自分で作っていくのもありだよ」ということを味わせたいと考えた。
※店主を誰（どの動物）にするか、何のお店にするかは、主人公であるその動物の特徴をどう捉えているかとつながってくる。両者（店主とお客）がいい気持ちになる出口を設定すると、どんなお客が何を頼んだらおもしろいかと、登場人物の言動をつないでいく。お話の展開を意識していく力は、こういう活動から生まれるのである。

２－③ まとめに代えて

① 仮に、こうした授業づくり（８時間）をすると、国語科「読むこと」の授業展開の中で必要な主なルールや学習規律は、一通り提示したことになる。
②「めあてがあって、めあてについての考えを表現する活動がある」問題解決型の授業展開を当たり前にすることができる。
③ 発表の仕方、ノートの書き方など、他教科でも使えるルールを授業の中で、自然に知らせることができる。

２－④ そのほかに配慮したいこと

① 家庭学習で音読をさせるのか。音読カードをどのように作成するのか。
② ノート（ワークシートを貼らせたもの）は必ず集めて、できればその日のうちに返却したい。時間をかけないノートの見方（○の付け方）を考えたい。
③ 新出漢字については、読むことを先行させ、書くことについては、時間をかけてきちんと出会い、できるだけその場で定着させるように漢字学習の時間をきちんと確保すればいい。

3　4年生第1教材「白いぼうし」を活用した授業開きの例

3-① 単元づくり（主教材「白いぼうし」）のコンセプト

○教科書的には<u>（学図版）「場面の移り変わりに注意して〜」</u>
　※わざわざ取り立てなくても、場面の展開に留意しない読み方を4年生がするとは思えない。

　<u>（光村版）「音読げきをしよう」→ 音読に向いているのか。</u>
　※結果としての音読なのか、読み取るための活動なのか。
　※登場人物が限られていて、人物像がはっきりしていることから、音読には向いている教材。しかし、取って付けたような音読では、よい学びにはならない。
　※もし、音読を中心とするならば、結果としての音読ではなく、自分の読みをつくるため、読み取ったことを自他に知らせるための音読へ。

○作品の特徴
　・あらすじが明快。最初にお客のしんしが登場する理由（松井さんの人物像を示す）。
　・「（女の子はチョウなのかな？）不思議だな」「松井さんは、やさしい（親切）だな」などに感想が集中する。
　・色やにおいなどに関わる言葉がたくさん使われていて、作品世界を彩っている。

○目標（求める子どもの姿）
　A　あらすじ（話の展開）を大筋でとらえることができる。
　B　おもしろいところ（心に残るところ）を見つけることができる。
　C　見つけたおもしろいところを発表したり書いたりできる。

D　順序やつながり、比べるなどの読み方を使うことができる。

○第一教材、単元の授業の中で、1つずつ慌てないで丁寧に身につけていく

> 〈失敗しないための心得〉
> ・一度で定着するはずがない。
> ・できる子もいるが、できない子もいる。
> ・できない子を責めるのでなく、できる子どもを少しずつ増やしていく。
> ・この時間に学んだこと（できるようになったこと）を確かめる。
> ・ルールの内容ができたのは素晴らしいこと。　　×できて当たり前

3-② 授業・単元づくりの実際

【1次の展開例・3時間】

〈4年生「白いぼうし」の場合〉

①・範読を聞く。（子どもは黙読）　(ルールA②)　黙読の仕方
　・音読をする。　　　　　　　　　(ルールA①)　音読の仕方の大体
　・あらすじを確かめる。

　　（挿絵を利用……黒板に掲示して並べ替え → 一枚一枚を語らせる）

　　「この場面（絵）には、○○が出てきます。○○は、△△をしました」

> ※ここで、「白いぼうし（松井さん運転）マップ」を作成するという活動を組み込むのもおもしろい。真っ白な紙を配布して、紳士が乗車する「堀端」、賃走する「大通り」「裏通り」、白い帽子が落ちていたところ、女の子を乗せて走る柳の並木、小さな団地の前の小さな野原などを書き込ませて、そこをタクシーが走っていく過程（＝物語の展開）を記させていく。
> ※この活動は、読み取った概略を絵と言葉で記して整理していることになる。あらすじを読むための方策の一つである。こういう活動を組み込むことが、「主体的な学び」や「言語活動の充実」につながるのではないだろうか。

②・バラバラ音読の練習（ルールA③）自分のいいと思う速さ、大きさ、間の取り方で読む。
　・あらすじを確かめる。前時の学習を振り返って、簡単に発表させる。
　・感想を書く（ルールD①）初発の感想は、一文で短く書けばいい。〈直観〉
　　　　短い感想をたくさんもてたら、もっとよい。
　　　　「○○は、（□□して）△△だなあ」の型を使ってもよい。
　　　　ノートに書かせてもいいが、1コマの中でたくさんのルールに出会うと苦しい子が出やすいかもしれない。
　　　　ワークシートを活用する方策も考えられる。
　　　　（日付、めあて「かんそうを書こう」はすでに印刷している）
　　　　（太めの縦罫のシート。1つの罫に1つずつに感想を書かせる）
　　　　（後でノートに貼って提出－周りを少しカットしておくと貼りやすい）
　　　　（ルールC②）ワークシートは、原則としてノートに貼って提出。
　　　　「ワークシートに書くこと＝ノートに書くこと」である。
③・バラバラ音読をする。
　・前時に書いた感想（ワークシート）を振り返る。
　・1つ選んで、短冊に書く。（名前ペンまたは6B鉛筆があれば便利）
　・書いた感想を発表する。（ルールD①）初発感想の発表の仕方（短冊を黒板に貼りながら発表）
　・発表した感想を黒板に貼る（黒板には挿絵を掲示しておき、その下へ自分で貼っていく）。
　・［話し合い・ルールB②］
　　　　「何を読み取る（見つける）ことができそうかな？」
　　　　（黒板に貼った感想の短冊をゆっくり見せて、多いもの、つながりがあるものなどで整理をしていく）
　　　　「たくさんの人が書いた感想は何かな？」

→ 女の子が消えて不思議だ。
　　　　　女の子はチョウなのかな。
　　　　　松井さんはやさしい人だ。
・見つけたおもしろいところをノートに書く。
　　(ルールＣ①) 日付、めあて、それの囲み方
　　　　書く内容 ― 本時は、黒板を視写すればいい

4/　　め　　おもしろいところを見つけよう。
　　女の子は「ふしぎだ」「急いでいる」「よかった」
　　松井さんは「やさしい」「うれしい」「見せたい」

　※このほかにもあれば、整理して挙げておけばよい。
　※「おもしろ見つけ」のメニュー表ができたことになる。
　※「おもしろい＝interest」「心が動いたところ」などに置き換えることもできる。

【２次の展開例・４時間】
①○１場面をバラバラ音読する。指名音読する。
　○「この場面では、何が見つかりそうですか？」― うれしい、やさしい

めあて　「うれしい」「やさしい」などを見つけよう。

○全文提示型のワークシートに自分の考えを書く。
　(ルールＣ③) 書き込み型での自分の考えの書き方（おもしろ見つけの方策）
→板書に同様の全文を掲示して、書き方を示してやるとよい。
○書いた考え（書き込み）を発表する。
　(ルールＢ①) 書いたことを読む時の発表の仕方（Ｂ③) ペアトークで交換
◎〈残り10分の深めどころ・焦点化した問い〉

「もぎたてなのです。きのう……」の言い方を話題にして音読練習。（速さ、大きさ、間）
(ルールA④) 音読の工夫の仕方 ― 速さ、大きさ、間
・「どうして、大きめの声がいいのか？」「その時の表情は？」
「松井さんは、誰のために夏みかんを乗せているのかな？」
＝「誰に対してやさしいのか？」「どうして夏みかんを乗せているのか？」

> 松井さんが夏みかんをタクシーに乗せているという行為について、自分なりの言葉で評価して話させたい。⇒ 今日的な学力観と直結、話しやすくする問い方を吟味する必要あり。

○まとめを書く。[松井さんのやさしさがよく見つかったところを部分視写]
(ルールC④) 視写の仕方 ― 言葉のかたまり（文節）を覚えて書く。そこを選んだ理由も書く。（学年による）

> （例）「速達でおくってくれました」……お母さんの思いをきちんと分かって喜んでいて、それをお客さんに伝えているから。

※可能であれば、ここにそう読み取るための方策（読み方）が加わるとさらによい。
  →お母さんの行為（したこと）と松井さんのしたこと、言ったことをつなぐ読み方
②○2場面をバラバラ音読する。指名音読する。
　○「この場面では、何が見つかりそうですか？」― やさしい、急いでいる、がっかりなど

めあて　「やさしい」「がっかり」「よかった」などを見つけよう。

○全文提示型のワークシートに自分の考えを書く。

・書いた考え（書き込み）を発表する。
◎〈残り10分の深めどころ・焦点化した問い〉
　・「ちょっとの間、かたをすぼめてつっ立っていた……」の文に着目させ、「肩をすぼめて突っ立っている」から「急いで車に戻る」に変わった理由を話し合う。
　・「急ぐ必要があったのか？」
　・「夏みかんを置いた後、どんな表情になっただろうか？」
　・「石でつばを押さえたのはどうしてだろうか？」

> 　ここでも、松井さんの行為を自分なりに解釈させて評価させることが大切。その時、複数の言動をつなぐ（比べる）ことができているかどうかが評価のポイントになる。

○まとめを書く。［松井さんらしいと思うところ（やさしいが見つかったところ）を部分視写］

> （例）「何を思いついたのか、急いで車にもどりました」……いいことを思いついたら、少しでも早くしてあげているところがやさしい。
> 　→　松井さんの「落ち込む」「思いつく」「急ぐ」をつなぐ読み方

<u>（ルールC④）視写の仕方 ― 言葉のかたまり（文節）を覚えて書く。そこを選んだ理由も書く。（学年による）</u>

③○３場面をバラバラ音読する。指名音読する。
　○「この場面では、何が見つかりそうですか？」― やさしい、あわてている、見せたいなど

> めあて　「やさしい」「あわてている」「見せたい」などを見つけよう。

○全文提示型のワークシートに自分の考えを書く。
○書いた考え（書き込み）を発表する。

◎〈残り10分の深めどころ・焦点化した問い〉
・「早く、おじちゃん……」の会話文の言い方を話題にしてを音読練習。
<u>（ルールA④）音読の工夫の仕方 ― 速さ、大きさ、間</u>
・「どうしてそんなに速く、困ったように読むのか？」

> ここでは、男の子が近付いてくることと女の子が慌てることとが関係があることを自分なりの言葉で説明することが大切。その時、二人の言動をつなぐ読み方をしていることを自覚させることができればさらによいことになる。

○まとめを書く。［女の子の様子がよく分かるところを部分視写］

> （例）「早く、おじちゃん。早く行ってちょうだい」……男の子が近付いてくるとあわて始めている。女の子は、男の子に会いたくないのかもしれない。
> → 女の子と男の子の言動をつなぐ読み方

<u>（ルールC④）視写の仕方 ― 言葉のかたまり（文節）を覚えて書く。そこを選んだ理由も書く。（学年による）</u>

④○4場面をバラバラ音読する。指名音読する。
○「この場面では、何が見つかりそうですか？」― 不思議、心が通じ合っている、よかったなど

> めあて 「ふしぎ」「心が通じ合っている」「よかった」などを見つけよう。

○全文提示型のワークシートに自分の考えを書く。
○書いた考え（書き込み）を発表する。
◎〈残り10分の深めどころ・焦点化した問い〉
・「よかったね」「よかったよ」の会話文の言い方を話題にしてを音読練習。
<u>（ルールA④）音読の工夫の仕方 ― 速さ、大きさ、間</u>
・「どうしてそんなに小さく、うれしそうに読むのか？」

・「このお話の不思議なところを説明してください。」

> ここでは、「不思議」を感じる理由を自分なりに構築させたい。「チョウ＝女の子」という構図が大切なのではない。前場面の女の子の様子、突然消えたこと、「よかったね」の会話文……、これらは、不思議を感じさせるように書き手が仕掛けているのである。そのことに気付いて、自分なりの説明ができることを求めたい。

〇まとめを書く。［このお話の不思議なところを部分視写］

> （例）「よかったね」「よかったよ」……この声は、助かったチョウの声だったと思う。この声が松井さんに聞こえたのは、いつも誰にでもやさしくしているからだと思う。
>   → チョウの会話文と松井さんのこれまでの言動をつなぐ読み方

> （例）「バックミラーにはだれもうつっていません」……女の子がチョウだったのだと思う。だから、急に乗ってきて、急がせて、消えていなくなった。
>   → チョウの会話文と松井さんのこれまでの言動をつなぐ読み方

<u>（ルールＣ④）視写の仕方 ─ 言葉のかたまり（文節）を覚えて書く。そこを選んだ理由も書く。（学年による）</u>

【３次の展開例・２時間】

①〇全文を読む。（リレー音読、バラバラ読み）
　〇読み終わっての感想を交流する。
　　・「何を一番強く感じたか？」
　　　→「やさしい感じが多い」「不思議を感じた」

> めあて　お話全体から「やさしさ」を感じる根拠（理由）を見つけよう。

　〇全文を示したワークシート（または、書き込んでいない教科書の本文）にやさしさを感じるところにサイドラインを引き、その根拠となる言葉

に書き込みをする。
- → 2次で場面ごとに学習したワークシートを見直しながら、「やさしい」というお話全体を包む視点で見直している。

②○前時に書き込んだことをもとに話し合う

| めあて　「やさしい」を感じた仕掛けや表現のひみつを話し合おう。 |

○「やさしい」を感じたところとそれを支える物語の仕掛けや表現について４人一組のグループで話し合わせる（15～20分程度）。
- → 教師は、各グループを回り、「やさしさの繰り返し」や「色彩表現」などの仕掛けや表現の工夫について助言する。

○話し合った成果をグループの代表が報告する。
○まとめ［「白いぼうし」の「やさしさ」について自分の感想や考えを書き記す］

| （例）どの場面にも、松井さんのやさしさが書かれているから、お話全体がやさしい感じになっている。…… |

| （例）松井さんのやさしさは４種類あって、どれもちょっとずつ違うから、次はどんなやさしさかと思いながら読むことができる。…… |

| （例）夏みかんの色や「青々や黄色」、シャボン玉のはじけるようなど柔らかくてやさしい感じのする言葉が使われている。…… |

※単に「感想を書こう」とするのでなく、「やさしいところ」がたくさん見つかったので、それを感じさせている仕掛けや表現の工夫を見つけることで、文章を味わう（鑑賞する）という読み方をさせようとしているのである。理詰めで説明させるのではなく、こう感じたのはここが関係しているのではないかと読みをつくっていくことに意味がある。

【別案・3次の展開例・2時間】
① ○「白いぼうし」には、「松井さんのやさしさ」や女の子をはじめとする「ふしぎな出来事」が描かれていたことを確認する。
　○「車の色は空の色」（松井さんが登場するシリーズの本、「白いぼうし」もこの中の一作品）の中から選んでお話を読む。
　○自分が選んだ作品から「松井さんのやさしさ」「ふしぎな出来事」を見つける。
　○見つけた「松井さんのやさしさ」「ふしぎな出来事」をカードに記す。
　○（可能な子どもは）お話を読んで、カードを増やしていく。

② ○前時に記したカードを発表し合う。
　○「松井さんのやさしさ」は、松井さんの相手のことを思ってしたことを探すといいことを確かめる。
　○「ふしぎな出来事」は、普通ではあり得ない人（動物たち）が登場して事件が起こるので、見つけやすい。事件は、うまく解決していくことを確かめる。

4　5年生第1教材「なまえをつけてよ」を活用した授業開きの例

4−① 単元づくり（主教材「なまえをつけてよ」）のコンセプト

〈はじめに〉

　ここまで、2年生「ふきのとう」、3年生「きつつきの商売」、4年生「白いぼうし」を主教材とする国語科の授業開きの例を示してきた。その中では、「授業の中で身に付けさせたいルール、学習規律」として、音読、発表・話し合い、ノートやワークシートに書くことなどの取り上げ方、指導の方策を示してきた。高学年である5年生からは、授業の進め方を中心に示すことに

する。初任者がいきなり高学年を担当することは少ないからである。しかしながら、高学年であっても、国語科の授業開きを活用してルールや学習規律を身に付けさせたいのは同様であろう。その時には、前章までの例を参考に高学年版にアレンジしていただきたい。

〈何を読み取る中で、どんな読み方を身に付けることができるか〉
○平易な文章。難語句も少ない。時間軸も単純。「帰り道に子馬に名前をつけてほしいと頼まれる（起）」「頼まれたことを勇太と陸に伝える、名前を一生懸命に考える（承）」「子馬がよそにもらわれていくことになった（転）」「勇太から紙で折った小さな馬を渡された（結）」の組み立て、文章構成もつかみやすい。
　→ あらすじを確かめることは高学年でも確実にしておきたい。
　→ 初発の感想をもって交換し合っていると、春花と勇太の関わりが変化していることには、初めから気付いている可能性が高い。そういうレベルが高い感想をきちんと位置づけるべきだが、「変化を見つけよう」のようなめあてにすると、考えることをスタートできない子どもが出やすい（「どう変わっていくのかを説明できるように読んでいこう」のように、単元を通しての大きなめあてにしておき、初めからすごいことに気付けたことを称揚しておくのも一手）。
○一つひとつの言動についての読みをつくるところから、複数の言動をつないだり比べたりして読みをつくるようにさせたい（関係把握力）。
　→ 春花の勇太への思いの変化、勇太の行動の変化と位置づけなどを説明できたときにこの話を読み取ったということになる（少し離れたところにある言動をつないだり比べたりすることこそ、高学年の読み方である）。
　→ 作品中には、作者が伏線として書き表しているところがある。それを見つけてつながりを確かめていくことも、高学年ならではのおもしろさである（書き手の想定）。

〈期待する読み取る内容の深まり〉
・春花の勇太への思いは明らかに変化している。勇太の思いはどうだろうか。（行動に起こしたということでは変化しているが、思いは初めから変わっていない？）
・二人の関係はどうだろうか。春花の側から見ると変わっているが、勇太の側から見ると初めから親しみをもっていたのかもしれない。
・表面的な言動だけでは、相手の心情を推し量り切れない。友達の関係とは、そういうものかもしれない。

〈体験させ、獲得させたい読み方〉
※離れたところにある複数の言動から、登場人物の変化を読み取る（行動の変化を確認して、心情の変化を推し量る）。
※複数の言動をつないで人物像をつくる。
※対照的な人物としての陸、伏線（ねこのぽんすけのこと、春花は考えた名前を告げていないことなど）、終わり方、題名の付け方などの書き手の意図（作者想定）に気付く。

4-② 授業・単元づくりの実際
〈5年生「なまえをつけてよ」の場合〉

【1次の展開例・2時間】
①○範読する
　○あらすじを確かめる
　　→ 場面分けを示して、それぞれのあらすじを語らせる。
　○初発の感想をもつ（書く）
　　→ 1行レベルの短い感想がよい。可能な子どもは複数の感想をもたせる。

→「○○は、(□□して) △△だな」の型を示してやるのもよい。
・感想のもち方の学習体験を踏んだことになる。
・箇条書き的に短く書き表せばいいという書き方も確認しておきたい。
　　→ノートの書き方指導に利用できる。
※必要があれば、本時のめあては「粗筋を確かめて、感想をもとう」である。

②○初発の感想を紹介し合う。(グループを使うのもよい)
　　→短冊に切ったカードに感想を書かせる（複数の感想から一つを選択して書かせるのがポイント)。
　　→紹介した後、黒板に位置づけていかせるのもよい。
　　　（主語ごと、近い感想ごとに集めていくなど方法が一般的。ここでは、せっかく場面ごとに挿絵があるので、挿絵を予め黒板に提示しておいて、場面ごとに近い感想を固める形で自分で位置づけさせていくとおもしろい）
※前時にノートを提出させていれば、誰がどこに感想を持っているかを確認できる。そこにちょっと花丸を付けてやる程度の手間を加えれば、ある程度子どもから出てくる感想を想定できる。
※必要があれば、本時のめあては「感想のメニューをつくろう」くらいか？
　一場面　　春花 ― うれしい　　　子馬 ― 美しい
　二場面　　春花 ― 仲良くなろう　勇太 ― きょうみない、はずかしい
　三場面　　春花 ― 楽しみ、がんばる
　四地面　　春花 ― がっかり、悲しい　勇太 ― 気にしている
　五場面　　春花 ― うれしい、びっくり　勇太 ― 元気づけたい
　その他（作品全体から）― 春花の勇太への思いが変わった、勇太は春花
　　　　　　　　　　　　のことをよく考えている　ほか
○こんなふうに出てくれば、これが感想のメニュー表である。今後の読みの

方向性を決めることができたことになる。
　→ メニューができていたら、二次の各時間には、「この中で、今日は何を探していけそうか？」とめあてをつくっていくことができる。

【２次の展開例・５時間】
［２次各時間の基本形］
①○音読する。
　○あらすじを確かめる。
　　→「誰が出てくるか？　その人は何をしたか？」
　○めあてをつくる。
　　→ メニュー表を見せながら、「この場面では、どれが探せ（確かめられ）そうか？」

　①のめあて例： | 「うれしい」「美しい」などが分かるところを見つけよう。

　○一人読み（一人学び）をする。
　　→ 本文が全文提示されているワークシートを配布して、めあての『○○』を見つけてサイドラインを引かせ、見つかった理由を行間や上下の余白に書き込ませる。
　　→ ここで一つも書き込めなかったならば、本時の学習に参加していないことになる。個別の支援をしてでも、一つは書き込ませるようにしたい。
　○書き込んだことを発表し合う。
　　→ 最初にグループで発表し合うのもよい。
　　→ ワークシートと同様に全文提示した板書に、子どもが発表した考えを位置づけていく。その時、どの言動に目を向けているのかを明らかにする。可能ならば一つの言動でなく、複数の言動をつないでいることや比べていることなどを意識化させたい。
　○焦点化した話題で話し合う。

・「春花の喜びが特によく分かるところはどこだろうか？」
　→「まるで知らない道」と感じた理由は？
　→頭の中の子馬が「まぶしいすがた」だった理由は？
○まとめる。
・「春花のうれしいチャンピオンはどれか？」
　→うれしいことがよく分かるところを部分視写させ、その言葉を選んだ理由を視写に書き込みの形式で記述させて、まとめとする。
　→その時活用した読み方を明らかにして、「○○という読み方を使った。だから、□□という内容を読み取ることできた」のようにまとめることができれば、さらによい。

②〈原則として①と同じ展開。「めあて」「焦点化した話題」「まとめの例」を示す〉
　○めあての例：「仲良くなろう」や「はずかしい」「どうでもいい」などを見つけよう。
　○焦点化した話題：「春花は勇太に何を期待していたのか？」
　　（勇太がどういう態度だったら、怒らなかっただろうか？）
　○まとめの例：「春花は勇太の何に腹をたてたのだろうか？　本文中のことばを抜き出して、理由と一緒に書こう」

③〈原則として①②と同じ展開。「めあて」「焦点化した話題」「まとめの例」を示す〉
　○めあての例：「楽しみ」「がんばる」などを見つけよう。
　○焦点化した話題：「春花がつけた名前を想像しよう」
　　→答えは分からないが、本文中の表現をもとに想像することを楽しむ。
　○まとめの例：「春花の頑張りがよく分かるところはどこか？　本文中の

ことばを抜き出して、理由と一緒に書こう」

④〈原則として①②③と同じ展開。「めあて」「焦点化した話題」「まとめの例」を示す。〉
　○めあての例：　「楽しみ」「がっかり」などを見つけよう。
　○焦点化した話題　「いいんですー。それならしかたないですね」を繰り返し音読する。音読の工夫の仕方を話題にする。
　　→「子馬の鼻は〜」……　子馬の鼻の様子⇔春花の心情
　　　「明るい声で」……　周りへの気配りができるようになっている（三場面……「急に大人っぽく」）
　　　「勇太は何を考えていたのか？」
　　→ 陸の後ろについて来た→きいた→何も言わない→じっと見ていたという行動から想像する。
　○まとめの例：「春花らしいなと思うところは、〜　」
　　→ 複数の言動をつなぐと、人物像を読むことができる。

⑤〈原則として①②③④と同じ展開。「めあて」「焦点化した話題」「まとめの例」を示す〉
　○めあての例：　「うれしい」「びっくり」「力づけよう」などを見つけよう。
　○焦点化した話題：「春花の勇太への思いは同じだろうか？」
　　→「二場面、四場面と比べてどうか？」
　　　どう接していいか分からない、怒っていた → こんなところがあるんだ
　※何が、どう変わったのかをそれぞれの子どもに説明させたい。
　○まとめの例：「勇太らしいと思うところは〜」
　　→ 渡すと急いでいってしまった　不格好な紙で折った馬
　　　「なまえをつけてよ」のメッセージなどを使って書いて発表。

→ 可能な子どもは、これまでの場面の言動も使って考えられると、なお素晴らしい。

【3次の展開例・1～2時間】

① ○感想を書く（読後の感想なので、数文のちょっと長めの感想を書かせる）。
○自分の初発の感想（箇条書きレベル）と比べる。

本時のめあての例： | 自分の感想を比べよう。 |

○読みの深まりと獲得した読み方を確かめ、自己評価する。

〈読みの深まり〉
・勇太は恥ずかしがり屋なだけで、春花を大切に思っている。
・春花は、勇太のいいところを見つけた。
・春花は、本当の意味で成長した（表面に見える言動だけで判断してはいけない）。

〈読み方〉
※春花の人物像（複数の言動を総合して考える）
※春花の変化（成長）（複数の言動をつなぐと、怒っていたときと変わっている）
※勇太の人物像（複数の言動を総合して考える、春花をどう考えているのか）
勇太は変化しているのか？（もともと恥ずかしがり屋なだけで、やさしい？）
◎まとめ・最初の時の自分と比べて伸びたところ

全部を読み取り、獲得している必要はない。自分が自分の力を駆使して反応できるところまで読み取れればいいし、その時に使う方策を意識したときに読み方が身に付くのである〈教師が与えるものではない〉。自分の伸びたところを内容と方法の両面から振り返ることができれば、それでよいのでは

ないか。

②書いた感想を発表し合う ＋ 読み方の中でも「書きぶりへの着目」を取り立てる。
　○感想を発表し合う。〈グループ→全体〉
　本時のめあての例：このお話の特徴（蜂飼さんの工夫）を見つけよう。
　　・題名が「なまえをつけてよ」になった理由
　　・（展開に直接的に関係ない）三場面がある理由
　　・子馬の名前が結局はっきりしないこと
　　・弟、陸を登場させていること（陸の人物像）
　　・話の終わり方（結末の工夫）ほか
　○子どもが見つけられそうならば、見つけさせたい。難しそうならば、「このことについてどう思うか？（どうしてこう表現したか？）」を問いかけていく。
　◎まとめ・この作品の特徴（蜂飼さんが工夫しているところ）
　　→書き手は、様々な工夫を駆使して作品を書いていることに気づければよい。
　※①②をコンパクトに展開すれば、１コマで構想できるかもしれないが、物語の第一教材なので、一つひとつの学習活動を丁寧に展開することが望ましい。

「書くこと」の授業づくり

　現在の学力観では、知識や技能の量ではなく「自分の考えを自分の言葉で表せたか」を大切にする。端的に言うと、知識や技能はあっても、自分の言葉で表現できないと学力として認められないということになる。自分の言葉で表現するということが、学力と直結しているということだ。

　一方で、「書くのは苦手だ」「書きたくない」と訴えたり体現したりして、書かない、あるいは、書けない子どもが、どの教室にもたくさんいる。「いやだ」「できない」という声を聞き、姿を見ながら授業を展開するのは、授業者（教師）にとっても苦痛なことだ。

　どの学習においても個別の支援は必須だが、それぞれがそれぞれの考えを記すことを中核とする「書くこと」の授業では、支援しきれるのか、どう支援していくのかも大きな問題となる。また、個別の支援を充実させて仮に書き上げたとしても、子どもが書くための方略を意識しながら自分で書き上げるのでなければ、今後につながる力をつけることはできない。

　そういうわけで、「書くこと」の授業については、教師も子どもも苦手意識がある場合が多いのではないだろうか。尊敬する岡山県小学校国語教育界の大先輩、樋口皓廸先生は、「作文は、どの子も書ける」の中で次のように記している。

　子どもの中に「何を書けばいいのか」（書く内容）と、「どのように書けばいいのか」（書く方法・書き方）が揃っていないのに、「さあ、書きましょう」と作文用紙を配られたのでは、子どもは混乱してしまう。逆に、子どもの目

線で授業を展開し、子どもの中に「何を書けばいいのか」（書く内容）と、「どのように書けばいいのか」（書く方法・書き方）が揃えば、教師が「書きましょう」と言わなくても、「もう書ける」「早く用紙を配って欲しい」となってくる。書くことへの抵抗をなくすとは、「何を」と「どのように」を子どもの中にもたせることである。そうなるように活動を仕組み、授業として展開すればいいわけである。

まず、「何を（内容）」については、単元、教材が決めることになる。3年生「気になる記号」（光村図書3年上）を主教材とする単元を例にすると、身近なところにある記号について、何を伝える役割があるのか、そのためにどんな工夫がなされているかなどを調べて書くことになる。「記号とその役割や工夫について」が「何を」になる。

とはいえ、急に「これから記号について作文を書くことになったから、調べてきましょう」と呼びかけても、子どもにとっては「何のこと？」である。「記号を集めてみよう」「その記号を調みよう」と思わせるには、それ相応の手順が必要となる。

一方、「どのように（方法）」については、どのようにしてつかませたらいいだろうか。それは、書き上げていく中で、「このようにして書けばいいのだな」と徐々につかめてくるということになる。書き上げるための手順をきちんと踏んで、自分で書き上げる体験を重ねていく中でこそ、「どのように（方法）」をつかんでいく。とはいえ、担当している一年間の中で、きちんと手順を意識させ、その手順を積み重ねながら書き上げていく機会をそうたびたび作るのは難しい。そうなると、国語科（書くこと）の単元できちんと体験させて、「こういう手順で考えていけば書き上げることができる」と自覚させたいものである。子どもに自覚させたい表現過程が学習過程と重なっていると、どのように書けばいいかという方策として意識化しやすくなる。

次の8段階（8つの過程）は、表現過程がそのまま子どもの学習活動（学習過程）となるようにしたものである。

```
┌─────────────────────────────────────────────────────────────┐
│      子どもに自覚させたい「表現過程＝学習過程」〈表現過程の例〉
│ ①  作品・モデルを読む   →  「何を」「どのように」書くのかの概要をつかむ
│   （鑑賞指導から活動の見通しへ）（うまいところ見つけ・問題点を探す……）
│ ②  素材を集める        →  書くことを決める。
│     《見直し　Ⅰ》
│ ③  主題（テーマ）を決める →  書く値打ちのあることを決める。
│ ④  取材メモをする       →  取材（テーマ）をもとに材料を集める。
│ ⑤  構想メモを書く       →  書く順序を決める。
│     《見直し　Ⅱ》
│ ⑥  下書きをする        →  ことば遣い、文章構成、表記などに気を付けて書
│                         く。
│ ⑦  清書をする          →  推考し、丁寧に書く。
│ ⑧  読み合う            →  対象へのかかわり方、とらえ方、表し方について
│                         読み合って評価し合う。
│ ※８つの過程（ステップ）は、１過程に１時間かかるわけではない。１過程に複
│  数時間要することもあるし、複数の過程を１時間で通っていくこともある。活
│  動を通して、こういう思考をする体験をすることを大切にしたい。
└─────────────────────────────────────────────────────────────┘
```

　こういった過程を授業の中で必然として通っていく中で、子どもは、「こういう手順をとおると書き進めることができる」と方略をつかんでいくことになる。

　こうして、「何を（内容）」と「どのように（方法）」の両方が子どもの中に整ったとき、多くの子どもにとって、つまずきが取り除かれたことになり、「これなら書けそうだ」ということになる。子どもを書く気にさせることができなければ、主体的な学び手（書き手）が育つはずがないのである。

> **コラム**　「赤ペン先生を脱却して、主体的な書き手を育てよう」

　「書くこと」の授業というとすぐに思い起こされるのが、赤ペン先生の存在である。「書く」という言語行為は個人個人がベースになるので、「一人一人に対応する」という美名の下、「さあ、書けた人からもっていらっしゃい。先生が見て（赤ペンを入れて直して）あげます。」という個別指導が重視されてきた。丁寧でいいことのようだが、「どう書いていけばいいのか」「どう直していけばいいのか」という一番子どもが思考力・判断力を発揮すべき大切なところを先生が奪って決めていっていることにならないだろうか。もっと言えば、「最終的に書き上がったものが大切」という結果主義を先生自らが示すことにもつながりかねないまた、一人に赤ペンを入れている間、ほかの子どもは言語行為を止めて待たされていることが多い。先生の机のところに子どもが並んで待っているような停滞した授業形態は、絶対に避けたいものである。

　赤ペンを入れて細やかに指導することは悪いことではない。しかし、「作文指導＝個別の添削指導」という考え方は、捨てた方がいい。では、どのようにして授業づくりをしていけばいいのだろうか。そのヒント（基本型）が、ここで紹介した単元の授業づくりに込められている。

　学習の見通しをもった子どもは、教科書に掲載されているモデル作文を使って「うまいところ見つけ」をした。ここで見つけた「うまいところ」が、「何を（内容）」を掴むきっかけになるし、今後書き進めていく上での「どのように（方法）」のポイントになる。

　その後、子どもは、自分で取材→選材→構想→記述→推敲→清書と表現活動を進めていくことになる。この時、それぞれの表現活動、学習の流れに乗ってきにくい子どもが必ずいる。また、取り上げてみんなに紹介してやりたいような表現活動をしている子どもも出てくることだろう。赤ペンを入れるエネルギーを、このように子どもが表現過程に沿って書き進めている時に向けるようにしたいものだ。いいモデルを見つけて紹介するのもいいし、一般的なモデルを子どもと一緒に見直してみるのもいい。子どもが、自分で見直し方を掴めるようにしたいものである。

　こういった形態で授業を進めていくと、概ね同じペース（進捗状況）の中で表現活動がなされていくので、一斉形態の授業を基盤に単元を構想することができる。そして、特に大切にすべきところは、多くの場合、取材後（主題決定前）と構想後（記述前）の「見直し」のところとなる。モデル作文の学習の中で見つけたポイント（観点）に沿って自分の作文を見直す時に、自覚的な学び手（書き手）に育つ。必然をもって自分の文章を見直すことができるし、どんな文章がよい文章なのかを

見通して書き進めることができるからだ。
　そうすることで、結果としてうまく書くことができるかどうかよりも、書き進める過程でどういう力を発揮したか（どういう力をつけたか）を重視すべきだということを、子どもにも知らせることができる。実際には、表現過程をきちんと通り、要所要所できちんと見直していく（思考・判断力を発揮していく）学習を繰り返していくと、結果として書き上げたもののレベルもぐんぐん上がっていくものだ。それは、自分で書き上げたという思いが大きく作用していると思われる。「赤ペン先生の言われるままにしていたら、何となくいい文章を書くことができた……」というケースと比べてみれば、子どものつける学力が大きく違っていることが分かるだろう。
　大切なのは、自分で考えながら書き進めていくことができるように仕向けていくこと（実際には、先生がペース配分をし、見直す場を示すのだが）。先生がいなくても、自分で書くことができると思わせることだ。こうして「書くことを厭わない子ども」を育てていくことができる。

1 第1学年入門期の「書くこと」の授業づくり

1 第1学年入門期の「書くこと」の授業づくりの特徴

「書くこと」の授業づくりも、当然のことながら1年生入門期から始まる。平仮名も書くことができないのに「書くこと（作文）か」と思われるかもしれないが、文作りを学び、「したこと」を思い出し話し始めれば口頭作文である。1年生入門期の作文指導は、口頭作文を文字言語に移行していくところが大きなウエイトを占める。「話したことを、そのまま書くことができたよ」が、そのまま「作文を書くことができたよ」になるのである。

そう考えてくると、これも当たり前のことだが、教科書の入門期教材もうまくできている。光村図書27年版・1年生上巻では、「ぶんをつくろう」「おもいだしてはなそう」「おおきくなった」「こんなことをしたよ」と小単元が展開されている。文作りを始めて、主語（誰が）と述語（どうした、どうする）を意識させておいて、自分のしたことを中心に想起して話す活動を通して口頭作文ができるようにする。それができるようになったら、簡単な文にして書き記すこと（口頭作文を文字言語に置き換えること）ができることに気付いていく。「したこと」と同様に「見たこと」も、そのまま文にできることに気付かせた後、自分の体験を思い出して、短い文を連ねて（重ねて）、文章にすることを学ぶことになる。ここまでいくと、「書くこと」の入門期が修了に近付いていると言えよう。

2 第1学年入門期「ぶんをつくろう」の授業づくり例

１）何をねらえばいいか？
〈目標の例〉
◎絵や日常の生活の中から「 〜 が（主語）、〜 （述語）。」の文になることを見つけて、書くことができている。

２）「ぶんをつくろう」の授業づくり

《第１時》

① 挿絵を見て話す。
  ・「きつねはどうしているか」を尋ねて、同じ主語（きつねが）でも、様々な述語があることに気付かせる。

② めあてをもつ。
  ・めあては、「ぶんをかこう」である。

③ 一人学びをする。
  ○「きつねが、～（どうした）」の文をノートに書く。
    →濁点の位置、句点はマスの右上になどの確認

④ 発表し合う
  ◎「きつねが」（主語）と「どうした（はしる、はしった、はしっている、とんだ等）」（述語）の二つがあることに気付かせる。

⑤ 挿絵を見て、文を作る。
  ・挿絵を提示して、主語を「さるが」「ぶたが」にして、「～が、～する。」の文を作る。
    →さるが、おちる（おちた・おちました）
    →ぶたが、ねた（ねました・ねています）

⑥ 既習「はなのみち」の挿絵を見て、文を作る。
  ○「はなのみち」四場面の挿絵を見て、出てくる動物たちが何をしているかを文にして話す。
    →りすが、はしる。とりが、とぶ。くまが、よんでいる。
  ・教師は、子どもの話した文を黒板に書き留める。

⑦ まとめる。
  ○黒板に残っている文を見ながら、ノートに文を書く。
    〈ぶんをつくるときにたいせつなこと〉
    ○「しゅご」と「じゅつご」でできている。
    ◎「しゅご」は「だれが」、「じゅつご」は「どうする（どうした）」

になることがおおい。
　○しゅごがおなじでも、じゅつごがちがうと、べつのぶんになる。
　○ぶんのおわりには、「。」をつける。
※短冊（フラッシュカード）にして残しておくと、今後も活用できる。

※ここでは1単位時間で示しているが、この時期の子どもの様子からすると、30分×2単位時間の方がやりやすいかもしれない。1つひとつの活動を丁寧に行っていきたい。
※この後、促音、半濁音、長音、拗音などの学習があるが、「文を作ること」を学んだので、いつも文を作っていくようにする。

3　第1学年入門期「おもいだしてはなそう」の授業づくり例

1）何をねらえばいいか？
〈目標の例〉
◎自分の体験をくわしく思い出して、それをもとに文を作ることができる。
○必要に応じて、複数の文でくわしく表すことができる。
○話すことができた文（口頭作文）をそのまま書き表すことができる。
◎話したこと（文）は、そのまま書き言葉に置き換えることができることに気付くことができる。
　※この単元は、「話すこと・聞くこと」に主眼を置いているが、見方を変えると口頭作文を作ることを大切にしているということである。「話したことをそのまま書き言葉に置き換えることができる」ことに気付けば、子どもの文作りの範囲が大きく広がることになる。

２）「おもいだしてはなそう」の授業づくり

《第１時・第２時》

① 教師の体験を聞く。
（例）「私は昨日、○○○をしました。△△△だったので、□□□でした。（散歩をしました。とてもいい天気だったので、汗をかきました）」を例示して、黒板に書き表す。

② めあてをもつ。
・「したことをおもいだして、ともだちにはなそう」がめあてである。

③ 教科書の絵を見て、文をつくる。
・「何をしているところか」を中心に、口頭で文作りをする。
→ 友達が、おにごっこをしている。
　友達が、給食当番の仕事をしている。

④ 自分がしたことを思い出す。
○「みなさんは、最近何をしましたか。思いだしてください」と投げかけて、想起を促す。

⑤ 一人学びをする。
・その中で友達に紹介したいことを決めて、ノート（ワークシート）に書かせる。
〈ここまでが第１時。⑤から次時にすることもできる〉

① モデル文を読む。
ぼくは、きのう、ともだちと　おにごっこを　しました。
ともだちを　いっぱい　つかまえました。
・モデル文を音読する。

② 分かったことを考える。
○何が分かったかを問いかける。
→「いつ」「誰と」「何を」「どうした」があればいいことに気付かせたい（「どこで」があってもいい）。

③　自分の作った文を見直す。
　○前時に作った文を見て、「いつ」「誰と」「何を」「どうした」が分かるかどうかを見直す。
　・必要を感じている子どもには、文を書き直せばよいことを伝える。
④　自分がしたことを思い出して文にする。
　○③の見直しとは別に、最近したことを「いつ」「誰と」「何を」「どうした」に気を付けて思い出させる。
　○そのうちの一つ（可能な子どもは、複数でもいい）をノート（ワークシート）に書き留める。
⑤　発表する。
　○隣の友達に作った文を話す。
　○みんなに作った文を話す。
　　※発表した文については、誉める（認める）ことができるように、記述の段階で個別の支援をしておく。
⑥　まとめる。
　○文を作るときに気を付けたことを思い出す（黒板に残っていることで大切なことを見つける）。
　　〈ぶんをつくるときにたいせつなこと〉
　　○「しゅご（だれが）」と「じゅつご（どうした）」がたいせつ。
　　○「いつ」「だれと」「なにを」「どうした」があると、よくわかるぶんになる。
　　◎はなしたことをそのままかいていくと、ぶんにできる。
　※短冊（フラッシュカード）にして残しておくと、今後も活用できる。

※この後、時間を作って、何度も何度も口頭作文をつくることを繰り返していく。
　「昨日、お家に帰ってからしたことを思い出して、文にしよう」「業間休憩の時間にしたことを思い出して文にしよう」のように投げかけて、

一人ひとりに語らせればいい。
　時間が許せば書かせてもいいが、思い出して、口頭で語ることができることを重視して、お互いにしっかり聞き合えばいい。作りにくい子どもには、教師が想起しやすいように、「誰としたのか」「何をしたのか」などを問いかけて、文の形で語ることができるようにしてやる。

4　第1学年入門期「おおきくなった」の授業づくり例

1）何をねらえばいいか？
〈目標の例〉
○対象を観察して、書くために必要な事柄を集めることができる。
○観察して集めたことを、文にして書くことができる。
◎「見たこと」も「したこと」と同様に、文になることに気付くができる。
　→ 主語が、「あさがおのはっぱが」「つるが」のように一人称ではなくなる。

2）「おおきくなった」の授業づくり
《第1時・第2時》
①　めあてをもつ。
　・学校で育てている朝顔の様子をよく見て、作文（観察記録）に書くことを伝えて、めあてをもたせる。
　・めあては、「あさがおをよくみてかこう」である。
②　朝顔の様子を絵に描く（一人学びをする）。
　・自分の朝顔の様子をよく観察して、絵に描かせる。
　→ 教科書に記載されている観点（・いろ・かたち・おおきさ・たかさ・ふとさ・おもさ・さわったかんじ・におい・かず）を確認して、丁寧に見て、描くようにさせたい。

③　観察したことを整理する。

　　　いろ　　　　　みどり
　　　　　　　　　　きいろのところがある
　　　　　　　　　　しろいもよう
　　　かたち　　　　とがっている
　　　　　　　　　　くるくる
　　　かず　　　　　5まい
　　　さわったかんじ　ちくちくする
　　　　　　　　　　やわらかい

④　観察したことを文にしてみる。
　・はっぱは、みどりいろです。
　　しろいもようがついているところもあります。
　　さわるとちくちくとしています。
　　〈ここまでが第1時。④から次時にすることもできる〉

①　モデル文を読む。
　・65ページ上段のモデル文を読んで、うまいところを見つける。
　　→ 前時の最後に作った文と比べてみるのもよい。
　　※「見たこと」も「したこと」と同様に文にできることを大切にしたいので、上段のモデルのみを扱うことにする。
②　文作りのポイントを確かめる。
　・うまいところとして、気付いてほしいこと
　　〈みたことのぶんづくりのたいせつなこと〉
　　　○「よくみること（観点）」をかんがえて、じっくりみて、ことばにする。
　　　○しゅごが、「はっぱのおおきさは」「いろは」のようになる。
　　　○じゅつごは、「○○のようです」「△△している」などになる。
　　　○しゅごのあとには、「、」をつける。

　　　　○ぶんのおわりには、「。」をつける。
③　観察文を書く。
　○前時に描いた絵に合わせて、観察文を書くように伝える。
　　・絵から棒線を引っ張って、その先に文を書いてもいいことを伝える。
　　・「はっぱ」「つる」など、何かに集中して見ると文にしやすいことを伝える。
④　書いた文を読み合う。
　　・作った文を読み合う（掲示して見合うことができれば、それもいいが、この時期にお互いに文を読み合うのは難しい）。
　○モデル文と同様に、うまいところを見つけ合う。
⑤　まとめる。
　◎「見たこと」を文にするときに大切なことを確かめる。
　　　〈みたことのぶんづくりのたいせつなこと〉
　　　○よくみて、ようすがわかることばをかんがえる（じゅつごになる）。
　　　○なにをみたのかで、しゅごをきめる。
　　　◎「みたこと」も、「したこと」とおなじようにぶんにすることができる。
　※短冊（フラッシュカード）にして残しておくと、今後も活用できる。

※この学習は、当然のことながら、生活科のカード作りにつながっていく。ただし、生活科カードとしてならば、必ずしも「文」にしなくても、よく見てその様子を語句で示すこともできる。(65ページ下段のモデル文)ここでは、「見たこと（観察したこと）」も「したこと」と同様に文にできることに気付かせることを重視したいことから、見たことを文にすることにしている。

5　第1学年入門期「こんなことをしたよ」の授業づくり例

1）何をねらえばいいか？

〈目標の例〉

　○自分の体験（したこと）を思い出して、それを文にして書くことができる。

　◎短い文をつないで（重ねて）、したことを伝える文章（三文程度）を書くことができる。

　○助詞「は・を・へ」を文の中で正しく使うことができる。《第1時》

① したことを思い出して発表する。
- 「この頃学校で遊んだり勉強したりして楽しかったこと」を想起させる。

② 楽しかったことを思い出して交流する。
- ①の発表の中から共通の話題を取り上げて、「何をしたから楽しかったのか」を問いかけて、したことを思い出させる。
- したことをもとに短い文を作ってみる。（口頭作文）

③ めあてを確かめる。
- 「したことを、かいてしらせよう」がめあてになる。

④ 教材文を読んで、書き方を知る。
- モデル作文「はなびたいかい」を読んで、うまいところを見つける。

　※これまでの学習とのつながりからモデル文を少し変更する。

　　① わたしは、どようびに、おじいちゃんとはなびをみました。
　　② はなびは、そらにおおきくひろがって、はながさいたみたいでした。
　　③ わたしは、大きなおとにおどろきました。

　→ ○しゅごとじゅつごがある。
　　○わたしがしたことがよくわかる。（①と③）
　　○はなびのようすがよくわかる。（②）

⑤ 鬼ごっこをしたことを文にする。

- ②の中からクラスの子どもが共通して楽しかったことを取り上げて、文作りをする。
- 短い文を重ねていくと、伝えたいことを表せることに気付かせたい。
- 必要に応じて、助詞「は・を・へ」に印をつけさせて、文の中で正しく使うことができていることを確かめさせる。

《第2時》

① めあてをつかむ。
- 本時は、休憩時間にしたことで楽しかったことを思い出して、絵と文に書いて知らせることを伝える。
- めあては、「きゅうけいじかんのことを、えとぶんでしらせよう」である。

② 知らせたいことを決める。
- 休憩時間にしたことを思い出して、絵と文にできそうなことを決める。
- 思い出しにくいときには、時間を追って、「そのとき何をしていたか」「誰と一緒だったか」「どこでしたか」（可能ならば）「どんな様子だったか」などを問いかけて、文にする材料をもちやすくする。

③ 知らせたいことを絵で描く。
- 色鉛筆を使うこと。「だれが、どこで、何をしているのか」が入っているとよいことなどを伝える。

④ 文を書く。
- 絵に描いたことを文にして教えてほしいと投げかける。
- 前時に学習した「うまいところ」を想起させ、文を書かせる。
    - ○しゅごとじゅつごがある。
    - ○じぶんがしたことがよくわかる。
    - ○しているときのようすがよくわかる。
- 短い文を重ねて（三文程度の）文章にできていればよい。
- 一文でたくさんのことを伝えなくてもよい（一文で一つのことを伝え

る）。ことを伝える。
　・三文のつながりなどはあまり問題にせず、短い文を重ねて文章を作って知らせればいいことを伝える。
⑤　書いたものを読み返す。
　・中・高学年で言うと推敲にあたるが、1年生・入門期ではそこまで求められない。自分の書いたものを自分で読んでみることができれば十分である。書き放しにせずに読み返す習慣の第一歩ととらえたい。⑥の準備にもなる。
　・必要に応じて、助詞「は・を・へ」に印をつけさせて、文の中で正しく使うことができていることを確かめさせる。
⑥　書いたものを友達と読み合う。
　・友達の書いたものを読むのはなかなか難しいので、友達に読んで聞かせるとよい。
　・文の数を数えたり、「うまいところ」ができているか確かめたりして、誉め合うことができればよい。

《第3時》
①　めあてをつかむ。
　・本時は、自分で楽しかったことを思い出して絵と文に書いて知らせることを伝える。
　・めあては、「しらせたいことをきめて、えとぶんでしらせよう」である。
②　知らせたいことを決める。
　・したことを思い出して、文にできそうなことを決める。
　・学校でしたことを想起した後、それぞれが家でしたことを想起していく。
　・思い出しにくいときには、学校でみんなでした共通のことを想起させ、その時にしたことを文にすることで見通しをもたせたい。
③　知らせたいことを絵で描く。
　・色鉛筆を使うこと、「だれが、どこで、何をしているのか」が入ってい

るとよいことなどを伝える。
④　文を書く。
　・絵に描いたことを文にして教えてほしいと投げかける。
　・前時、前々時に学習した「うまいところ」を想起させる。
　　　　○しゅごとじゅつごがある。
　　　　○じぶんがしたことがよくわかる。
　　　　○しているときのようすがよくわかる。
⑤　書いたものを読み返す。
　・自分の書いたものを自分で読んでみる活動を取り入れる。
　　⑥で友達に読んで知らせる時の準備にもなる。
　・必要に応じて、助詞「は・を・へ」に印をつけさせて、文の中で
　　正しく使うことができていることを確かめさせる。
⑥　書いたものを友達と読み合う。
　・友達に読んで聞かせる。文の数を数えたり、「うまいところ」ができて
　　いるか確かめたりして、誉め合うことができればよい。

6　第1学年入門期の「書くこと」の授業づくり
　　　（まとめ）

1）何をねらえばいいか？

　光村図書27年版・1年生上巻の教材をもとにして、「ぶんをつくろう」「おもいだしてはなそう」「おおきくなった」「こんなことをしたよ」の展開例を示して、第1学年入門期の授業作りのあり方について考えてきた。
　①　文作りを始めて、主語（誰が）と述語（どうした、どうする）を意識する。
　②　自分のしたことを中心に想起して話す活動を通して口頭作文ができる。それを簡単な文にして書き記して、口頭作文を文字言語に置き換えることができる。

③「したこと」と同様に「見たこと」も、そのまま文にできる。
④　自分の体験を思い出して、短い文を連ねて（重ねて）、文章にすることができる。

①から④のステップを丁寧に通ることで、子どもは、「こうすれば書くことができるのだな」と方略をつかみ、書くことへの自信がついてくる。書くことに対して抵抗感をもつまえに「できそう」「できる」を感じさせてしまうのである。

他社の教科書においても、扱い方や手順に多少の違いはあるものの同様の内容が掲載されている。入門期の「書くこと」の学習の典型的な手順と考えることができよう。

入門期の「書くこと」の指導では、次のことを子どもに自覚させていきたいものである。

　　　一人称のしたこと作文から始める。→　その文を重ねていくと、くわしい、いい作文になるよ

《参考》第１学年「しらせたいな、見せたいな」の単元構想例

　１年生も入門期を過ぎて、２学期になるとこんな教材（「しらせたいな、見せたいな」・１年生下巻）も出てくる。ここまでに述べた入門期の指導が、その後どう展開されていけばいいかを構想する手がかりになればと思い、単元構想例を示す。

　一見すると、「４『おおきくなった』の授業づくり」の発展形のように思える。内容的にはそうなのだが、学び方（書き方）の面から考えると、この後示す２年生の「かんさつ名人になろう」の書き方につながっている。もっと言えば、最初に示した８段階の表現過程（手順を通ると書きやすい）の最初の段階ともとらえることができる。

●何をねらえばいいか？

〈目標の例〉

○身の周りにいる生き物や学校にあるおもしろいものを見つけることで、何気なく見ているところ・ものから、「知らせたいこと」を取り出すことができる。　　　　　　　　　　　　　　　　　　　　（取材）

◎「知らせたいこと」を、絵や短いことばに表現してみることができる。
　　　　　　　　　　　　　　　　　　　　　　　　　　　　（記述①）

◎絵やことばで記したことを、文にして表すことができる。その時、表す事柄の順序を意識することができる。　　　　（記述②＋構成）

・自分の文章をよりよくするために直したり、友達の文章のよいところを見つけたりすることができる。　　　　　　　　　　（推考と鑑賞）

●単元構想例

○教科書のモデルを読んで、うまいところを見つける。……〈本時〉

　→ この単元で身に付けてほしいこと、気付いてほしいことを整理してやる。うまく取り入れた書き方が増えてくることが期待できる。

●本時（一次２時・モデルを活用する時間）の具現化

〈本時の概略〉

教科書の「もこというモルモット」の作文（モデル）のいいところ見付けをして、それを発表 → 整理していく中で、「見てわかる様子」「触ってわかる様子」「特別な時の様子」のようなかたまりのあることのよさや、「書き出し」の文の書き方に気付かせていく。それらのことを意識化させることで、自分が書く時にも使えるようにしておく。

本時は、典型的な「モデル活用 → 書き方のポイント習得」の時間ということになる。この形態を教師と子どもの双方が経験し、マスターしておけば、「書くこと」の単元だけでなく、「話すこと・聞くこと」の単元でも活用

できる。

〈学習活動〉〈指導上の留意点〉
1　本時の学習をつかむ。
　1　モデル教材を読ませて、めあてをつかませる。
　　・最初は、範読。それから、マル読みをさせる。
　　・「何を紹介しているか？」「どんなだと言っているか？」などを問いかけ、文章の概略を確かめる。
　　・紹介しているモルモット・もこのことがよく分かることを確かめてから、下記のめあてをもたせる。
　　　　うまいところを見つけよう。

2　うまいところ見つけをする。
　2　全文を示したワークシートを用意し、うまいと思うところにシールを貼らせていくことでうまいところ見つけをする。
　　　シールは5枚配布する。そのことで、うまいと思うところに自分なりに重み付けをしていくことが期待できるからである。
　　　可能な子どもには、シールを貼った理由を書き込ませるようにする。
　　　子どもが自分の考えをワークシートに表現している間、机間指導による個別の指導で次のように関わる。
　　→ 自分の考えをもちにくい子どもには、「どんなマンホールなのか？」などを問いかけ、「それはどこから分かったのか」を口頭で語らせることにより、自分の考えをもちやすくする。
　　→ 子どもがどの記述に、どのようなうまさを見つけているのかをつかんでおき、話し合いの指名順に生かせるようにする。

3 見つけたうまいところを紹介し合う。
　3　自分が見つけたうまいところを発表したり、友達の見つけたうまいところを聞いたりする。
　　板書にワークシートと同じように本文を掲示しておき、それぞれの考えを位置付けていく。
　　子どもの発表として、次のようなものが期待できる。
　　　①「かき出し」に関すること
　　　②「見てわかったこと」に関すること　→　目マーク
　　　③「よく見たからわかったこと」　→　特別な目マーク
　　　④「さわったからわかったこと」　→　手マーク
　　　⑤「とくべつなときのこと」　→　①マーク

4　見つけたうまいところについて話し合う。
　4　発表が一段落したところで、話題を整理し、焦点化した問いかけをすることで、「どこに、どういったうまさがあるのか」について、自分の考えを広げたり深めたりすることができるようにする。
　　・「①や⑤は本当に必要か？」を問いかけ、ある時とない時を比べさせることで、書き出しや結びのよさに気付かせる。
　　・②③④⑤は、どこを使ったから見つけることができたのかを問いかけることで、五感を総動員して観察することのよさに気付かせたい。

5　見つけたうまいところをまとめる。
　5　板書をもとに、見つけたうまさを整理していくことで、本時のまとめとする。
　　・板書を参考にして、ワークシートに書き加えさせたり、「まとめ」の欄に書かせたりすることで、うまいところを鮮明にし、今後の記述の活動の中で活用できるようにする。

2　第2学年の「書くこと」の授業づくり
　　―「かんさつ名人になろう」（光村図書2年上）を
　　　　　　　　　　主教材とする単元の場合―

1　第2学年の「書くこと」の授業づくり

　2年生の「書くこと」の授業作りでは、1年生で繰り返し学んできたこと（したこと作文、見たこと作文の書き表し方）を確かなものにしていくという側面と、中学年以降大切にしたい「表現過程＝学習過程」（こういう手順を通れば書きやすいよ）を徐々に自覚させていくという側面の両方がある。

　1年生入門期から大切にしてきたことは、次のようにまとめられる（再掲）。

---
① 書くことはたくさんあるよ
　・教科書の絵図を使っての文作りから、自分の生活を思い出しての文作りへ
　・したことの想起　→　したことはたくさんある
　　　　　　　　　（大きくとらえる → したことを切り取る）
　・生活していれば、したことはいくらでもある（切り取れる）
　　　　　　　　→　それを文にすれば、書くことはたくさんある
　　一人称のしたこと作文から始める
② くわしく書けるよ
　・したことを詳しく思い起こせば、くわしく書くことができる。
　　→「したこと」をくわしくすることができる。
　　　　　　（動詞が求める成分・修飾語を意識すればいい）
③ 1文に1つのことを書くよ。
　　→　文意識につながる。
④「したこと」「見たこと」は、文にしやすいよ。
　　→　その文を重ねていくと、くわしい、いい作文になるよ

　3年生以降、子どもに自覚させたい「表現過程＝学習過程」の例を示すと次のようになる（再掲）。

①	作品・モデルを読む	→	「何を」「どのように」書くのかの概要をつかむ
	（鑑賞指導から活動の見通しへ）（うまいところ見つけ・問題点を探す……）		
②	素材を集める	→	書くことを決める。
	《見直し Ⅰ》		
③	主題（テーマ）を決める	→	書く値打ちのあることを決める。
④	取材メモをする	→	取材（テーマ）をもとに材料を集める。
⑤	構想メモを書く	→	書く順序を決める。
	《見直し Ⅱ》		
⑥	下書きをする	→	ことば遣い、文章構成、表記などに気を付けて書く。
⑦	清書をする	→	推考し、丁寧に書く。
⑧	読み合う	→	対象へのかかわり方、とらえ方、表し方について読み合って評価し合う。

２年生では、この両方を意識しながら授業作りをしていくことになる。

２ 「かんさつ名人になろう」（光村図書２年上）を主教材とする単元の場合

１）指導の概略

○単元名「ていねいにかんさつして、きろくしよう」

○単元目標

《学習指導要領・低学年の目標》
◎ 経験したことや想像したことなどについて、順序を整理し、簡単な構成を考えて文　や文章を書く能力を身に付けさせるとともに、進んで書こうとする態度を育てる。

《指導事項》
※経験したことや想像したことなどから書くことを決め、書こうとする題材に必要な事柄を集めること。　　　　　　　　　　　　　　　　　　　（主題設定や取材）
※自分の考えが明確になるように、事柄の順序に沿って簡単な構成を考えること。
　　　　　　　　　　　　　　　　　　　　　　　　　　　　　　　　　　（構成）

> ※語と語や文と文との続き方に注意しながら、つながりのある文や文章を書くこと。　　　　　　　　　　　　　　　　　　　　　　　　　　　　　　（記述）
> ※文章を読み返す習慣を付けるとともに、間違いなどに気付き、正すこと。
> 　　　　　　　　　　　　　　　　　　　　　　　　　　　　　　　　（推敲）
> 　書いたものを読み合い、よいところを見付けて感想を伝え合うこと。（交流）

　学習指導要領にある目標、指導事項の中で本単元で扱うことができるのは、次のことである。

> 《目　標》
> ◎丁寧に観察して、気付いたことやわかったことを集めることができる。
> ○観察対象の様子や自分の気付きなどがよく分かるように、文を重ねて書いて文章にすることができる。
> ○文章に書いたことがよく伝わるように、題名を工夫してつけることができる。
> ○書いたものを友達と読み合い、よいところを見つけて伝え合うことができる。かつ、今後に活かしていくことができる。
> ※これまでにも書いてきた生活科カードをグレードアップさせる方策をつかませることにもなると考えたい。

〈取材に関すること〉
○観察するものを決めて、丁寧に観察することができる。
・「見たこと」が中心　＝　観察対象がしたこと
・観察対象が「どのように」したのか、動いたのか、変わったのか
・　　〃　　　「どんな」色なのか、形なのか、大きさなのか、長さなのか　など
・「見る」だけでなく、「触る」「匂いをかぐ」「長さを測る」など
〈記述に関すること〉
○観察したことを簡単に書き残す（メモを書く）ことができる。
○メモをもとにして、観察記録を書くことができる。
〈構成に関すること〉
○絵と文章で書くことができる。
※写真を活用することもできるが、詳しく書きたいことを自分なりに絵や図で示せるならばその方がよりよいかもしれない。
〈推敲や鑑賞に関すること〉
○観察記録を読み返して、必要に応じて修正する。

○できあがった観察記録を読み合い、感想を伝えることができる。
○観察記録を書くときに気をつけたこと（丁寧な観察の仕方）を振り返って、その書き方を確かめることができる。

２）指導の実際
●８段階の表現過程／手順の変更について

　８段階のうち「２素材を集める→３主題を決める→４取材メモをする→５構想メモを書く→６下書きをする」の５段階について、２年生という発達段階と、観察文という教材の特性から、順序の変更や省略をする。
　主題を決める前の「素材集め」と決定後の「取材」を分けることは難しいので、「２（４）取材してメモを書く」→「３主題を決めて、５構想メモを書く」とし、「６下書きをする」は省略して「７清書する」へと展開していくことにする。

【１「作品・モデルを読む」の授業づくり】
　「のびるのびる」「みが大きくなってきた」「黄色い花がさいた」の全文を掲載したワークシートを用意する。ワークシートと同様の全文が板書に掲示できるようにしておく。
《第１時》

①めあてをもつ	・１年生の時に書いた朝顔の観察記録を見る。 →子どものものが手に入ればいいが、なければ、教科書教材「おおきくなった」を活用することもできる。ここでは、この程度とは違う（グレードアップした）観察記録を書いていくという目的意識、見通しをもたせたい。
②一人学びをする	・「のびるのびる」「みが大きくなってきた」「黄色い花がさいた」の全文を掲載したワークシートを配布して、音読させる。
③発表し合う	・本時のめあては、「これらのかんさつきろくのうまいところを見つけよう」となる。 ・うまいと思うところに印をつけ（サイドラインを引いて）、うまい理由を自分の言葉で書き込む。

	・②で書き込んだうまいところを発表し合うことになる。グループ活動などを組み込むのもよい。全体に発表させる際には、黒板に掲示した全文に教師が整理して書き込んでいく。
	〈子どもが挙げてくると予想されること〉 ○「だい」「日づけ、曜日、天気」など、きろくとして書くことがそろっている。 　・どのような動きをしたかをくわしく見ている。 　・「5センチメートルぐらい」のように長さを数字を使って書いている。 　・「ビー玉ぐらい」のように何かにたとえて分かりやすくしている。 　・「こいみどりとうすいみどりがまざっている」と色をくわしく見ている。 　・鼻を使って匂いをかいでいる（そっと触ってみるのもよい）。 　・「そりかえっている」「形がほしににている」など花の様子がよく分かる。 　・個数や長さなどを数えたり、測ったりしている。 　・図があって分かりやすい。 ○題名が工夫されていて、どういうことを伝えたいのかよく分かる。
④まとめる	・③で出てきたことを整理して、「がんばりポイント」に整理していく。 ・「この文があると、何がよく分かるか？　どうしてこの文を書いたと思うか？」を問えば、どんなことを書けばいいかが整理できる。必要に応じて、その文を隠して「この文はなくてもいいのではないか」を問えば、書いていることの意味に目が向く。 ○まとめは、観察記録を書くためのそれぞれの「がんばりポイント」を書かせればいい。板書に挙がっているうまいところを整理したものの中で、自分が頑張ろうと思うこと（納得したこと）を書き留めておくようになる。

　モデル作文の鑑賞指導を通して、「対象からどのようなことを観察すればいいのか（視点）」「どのような観察記録を書けばいいのか」という概略をつかんだことになる。加えて、今までに書いたものと比べて、今回の頑張りどころ（今までとの違い）をつかんだ。

【「2素材を集めて（4取材して）、3主題を決める」の授業づくり】
《第2時》

①めあてをもつ	・前時に学習した3つのモデル観察文を読み返して、観察するときのポイントを確かめる。 　　→大きさや形、色を見る。　　　長さをはかる。 　　　いろいろな方から見る。　　　さわる。 　　　数を数える。　　　においをかぐ。 ・「かんさつするときのポイントをつかって、かんさつメモを書こう」がめあてになる。
②みんなで観察する	・かたつむりなど、みんなで観察できるものを教卓（実物投影装置）に置いて、観察したことを文にする。 　　→主語に気を付けて、対象がしたこと（動き）をよく見る。 　　　〃　　　　　　対象の様子をよく見る。調べる ・自分で観察する前の練習の役割をもつ。
③観察したことをメモする	・1枚のかんさつ観察メモに一つのことを書くように伝える。 　（例）「かたつむりは、あたまをのばした」 　　　「からだが5センチくらいになった」 　　　「あたまがついたら、のびていたところをちぢめた」 　　　「からとしっぽみたいなところを、あたまにひきよせた」
④自分で観察してメモする	・②でした観察を想起して、自分で対象の観察をする。 ・観察して分かったことや気付いたことなどを言葉で表す。 　（口の中　でつぶやかせる） ・観察してつぶやいたことをメモする。
⑤まとめる	・メモを振り返り、観察記録に残すことを決める。 ・ワークシート（ノート）に、「何を」記録するか、どの観察メモを使うかを記したり貼り付けたりしてまとめる。 ※自分の観察メモに不十分さを感じた子どもは、観察に戻り、必要に応じて「観察する→メモする」を繰り返すことになる。課外に「観察する→メモする」を繰り返してもよいことを伝える。

第4章 「書くこと」の授業づくり

※観察メモを集めることは、生活科と関連指導にすることで、クロスカリキュラムとして扱うことができる。

【「5構想メモを書く」(「6下書きをする」)の授業づくり】
《第3時》

①メモ書きを見る ②めあてをもつ	・前時、あるいは、課外に記したメモ書きを用意し、観察記録を書くことができそうという見通しをもたせる。 ・「こうそうメモを書こう」が本時のめあてになる。
③構想メモを書く	○次のような「こうそうメモ」を配布して、分かったことなどを書き入れるように伝える。

かんさつするもの	大きさ	形	色	数	ながさ	さわると	におい	うごき	そのた	※気づいたこと／わかったこと

	・全部の項目がうまらなくてもいい。前時のメモをもとに、複数の項目を観察できていること、これらを整理して文にすれば、観察記録にできそうなことを見通させる。 ※この構想メモを大きめにして、文レベルで記入させれば、下書きの役割を担うことになる。
④構想メモを読み合う	○教師が、複数の項目について詳しく観察できていて、そこから気付いたことや分かったことへ展開できているメモをモデルとして紹介して、どこがいいのかを話し合う。

⑤構想メモを見直す （まとめ）	・自分のメモを紹介し、友達のメモを見て、いいところを認め合う。 〇必要に応じて、構想メモを見直して修正する。 ・付箋紙などを活用して、修正部分を表に貼り付けるようにする。 〇「何の」「どういうところを」観察したのかを振り返って、題名をつける。「かたつむりのこと」のように概略的にならない方がよいことを伝える。 ※「構想メモを書く」とはどうすることかを自覚させておきたい。 　（観察メモを整理して、分かったことや気付いたことへと繋いでいく役割）

【「7清書する」の授業づくり】

《第4時》

①めあてをもつ	・構想メモが完成しているので、子どもは既に「書きたい」「書ける」という状態になっている。 ・「せいしょをして、見なおそう」がめあてになる。
②清書する	〇構想メモの内容をもとにして、観察記録の用紙（清書用紙）に書く。 ・書き始める前に、「絵を描くこと」「構想メモに書いたことを文（文章）に書くこと」「絵を説明するな文章がいいこと」などを伝える。
③見直す	〇書き終わったら、自分で小さな声を出して（微音読して）読み返す。 ・グループの友達に読んでもらうのもよい。 ※清書するときに、何に気を付けたか、どういう手順で書いたかなど想起させ、自覚につなげたい。

【「8 読み合う」の授業づくり】
《第5時》

①めあてをもつ	・清書が完成しているので、次に何をするかとなると、「友達の観察記録を読みたい」となる。グループの友達の構成メモを見ているので、概略はすでに知っているが、ほかの友達の記録も読んでみたいとなっているはずである。
②友達の観察記録を読む	・「友達のかんさつきろくを読んで、いいところを見つけよう」がめあてになる。 ○読む時の観点を知らせる。この単元で頑張りポイントとしてきたことの振り返りにもなる。
③カードを書いて、整理する	・「だい」「日づけ、曜日、天気」など、きろくとして書くことがそろっているか。 ・どのような動き、様子なのかをくわしく見ているか。 ・「大きさや形、色」「長さ」「いろいろな方から見る」「さわる」。 ・図があって分かりやすいか。 ・題名が工夫されているか。
④ポートフォリオを作成する	○友達の観察記録を読んで、いいところをカード（付箋紙）に書く（カードに上記の観点を分かりやすく示しておくのもよい）。 ・カードを交換して、自分の手元に来たカードを整理する。 ・自分の観察記録を友達がどう認め、誉めてくれたかを確認する。 ○観察記録作成のために使ったワークシート、カードなどを整理してポートフォリオにする。 ・清書作成までに書いたり使ったりしたワークシート、カードや本時に友達から受け取ったカードなどを見直す機会とする。

　2年生の「書くこと」の授業作りでは、①これまでに繰り返し学んできたこと（したこと作文、見たこと作文の書き表し方）を確かなものにしていく

という側面と、②「表現過程＝学習過程」（こういう手順を通れば書きやすいよ）を自覚させていくという側面の両方が大切だと述べた。

　観察記録よりよい書き方を学ぶこの単元では、見たことをそのまま文にしていくことを中核とした第１学年（上巻）の「おおきくなった」とはかなり違う、グレードアップした姿を求めることになる。また、第１学年（下巻）の「しらせたいな、見せたいな」の単元と比べてみると、似ているところが多く、発展形と考えることができる。８段階の表現過程をより意識させて、丁寧に通っているところが、２年生になってグレードアップしたところということができよう。

3　第３学年の「書くこと」の授業づくり
　　　―「気になる記号」（光村図書３年上）を主教材とする
　　　　　　　　　　　　　　　　　　単元の場合―

1　第３学年の「書くこと」の授業づくり

　「気になる記号」（光村図書３年上）を主教材とする単元の場合を少し丁寧に記す。この後の４年生以降の授業づくりの基盤となるのが、３年生からの指導だと考えるからである。

2　単元の概略

○単元名「ほうこくする文章を書こう」
○単元目標
　目標を考える時に、まず見るべきは、指導要領である。ここを確認しておけば、単元の構想や出口が大きくずれる心配がない。

《中学年の目標》
◎ <u>相手や目的に応じ</u>、調べたことなどが伝わるように、<u>段落相互の関係などを工夫して文章を書く能力を付けさせるとともに</u>、<u>工夫をしながら書こうとする</u>態度を育てる。

《指導事項》
※ 関心のあることなどから書くことを決め、相手や目的に応じて、書くうえで必要な事柄を調べること。　　　　　　　　　　　　（課題設定や取材）
※ 文章全体における段落の役割を理解し、自分の考えが明確になるように、段落相互の関係などに注意して文章を構成すること。　　　　　　　　（構成）
※ 書こうとすることの中心を明確にし、目的や必要に応じて理由や事例を挙げて書くこと。　　　　　　　　　　　　　　　　　　　　　　（記述）
※ 文章の敬体と常体との違いに注意しながら書くこと。　　　　　　（記述）
※ 文章の間違いを正したり、よい表現に書き直したりすること。　　（推敲）
※ 書いたものを発表し合い、書き手の考えの明確さなどについて意見を述べ合うこと。　　　　　　　　　　　　　　　　　　　　　　　　　（交流）

　指導事項に挙げられていることを身に付けていくためには、子どもが表現していく過程が学習過程となっていて、「どこを」「どうすればいいのか」を子ども自身が自覚できるようにしたいものである。それが「どのように」をつかみ、書くための方略をつかんだ姿ということができる。

《目　標》
◎自分で記号について調べたり、その役割や工夫について考えたりして、周りの人に報告する内容をもつことができる。
◎8段階の過程を通ることで、報告する文章の書き方を知って、今後に活かすことができる。

〈取材に関すること〉
○身の回りにある記号を見つけ、それをカードに書いて集めることができる。
○集めたカードを分類・整理して、類似点や相違点について考えることができる。
○集めたカードから数枚（3枚）を選んで、何を報告するかを決めることができる。

〈記述に関すること〉
○取材してきたカードをもとにして、それぞれの記号のことを自分の言葉で説明することができる(「なか」の複数の段落を書くことができる)。
○絵や写真などを取り込んで、それを説明するように書くことができる。
○選んだ記号が、わたしたちに何を伝えようとしているのかに振り返り、記号の特徴を伝える内容を入れて書くことができる。

〈構成に関すること〉
○記述した「なか」の複数の段落について、その順序の妥当性を吟味することができる。
○「①調べたきっかけや理由」→「②調べ方」→「③調べて分かったこと」→「④かんそう」の組み立てを基本にして、段落を分けて書くことができる。(「はじめに」にあたる①②については、モデルを参考にして真似て書くことも可とする)

〈推敲や鑑賞に関すること〉
○できあがった報告書を友達と読み合い、感想を伝えることができる。
○報告書を完成させるまでの手順を振り返り、内容を相手に伝える文章をつくるための手順について確かめることができる。

これらのことを下の8段階の表現過程を通る中で、身に付けさせたい。

	子どもに自覚させたい「表現過程=学習過程」 〈表現過程の例・再掲〉
①	作品・モデルを読む → 「何を」「どのように」書くのかの概要をつかむ (鑑賞指導から活動の見通しへ)(うまいところ見つけ・問題点を探す……)
②	素材を集める → 書くことを決める。
	《見直し Ⅰ》
③	主題(テーマ)を決める → 書く値打ちのあることを決める。
④	取材メモをする → 取材(テーマ)をもとに材料を集める。
⑤	構想メモを書く → 書く順序を決める。
	《見直し Ⅱ》
⑥	下書きをする → ことば遣い、文章構成、表記などに気を付けて書く。
⑦	清書をする → 推考し、丁寧に書く。
⑧	読み合う → 対象へのかかわり方、とらえ方、表し方について読み合って評価し合う。

3　子どもが8段階を通る単元の構想と指導の実際

「1 作品・モデルを読む（鑑賞指導から活動の見通しへ）」

　「何を（内容）」「どのように（方法）」書くのかの概略をつかむ段階である。

　「何を」については、前述のように、身近なところにある記号について、何を伝える役割があるのか、そのためにどんな工夫がなされているかなどを調べて書くことをつかませればいいわけだが、ここでは、モデル作文を読んで「どんなことが書く対象になるのか」を知ってから、教科書のモデル作文以外の記述を見ながら考えていくことにする。

　「どのように」をつかませるには、モデル作文の「うまいところ見つけ」をしていくのが一般的である。「気になる記号」の場合、山口さんが書いた、ほうこくする文章「大切なことをひと目で知らせる」が掲載されている。このモデル作文のうまいところを見つけていく中で、書くための方略「どのように（方法）」をつかませることになる。

【1 「作品・モデルを読む」の授業づくり】

　「大切なことをひと目で知らせる」の全文を掲載したワークシートを用意する。ワークシートと同様の全文が黒板に掲示できるようにしておく。

《第1時》

①めあてをもつ	・本時のめあては、「このほうこくする文章のうまいところを見つけよう」となる。
②一人学びをする	・うまいと思うところに印をつけ（サイドラインを引いて）、うまい理由を自分の言葉で書き込む。
③発表し合う	・②で書き込んだうまいところを発表し合うことになる。グループ活動などを組み込むのもよい。全体に発表させる際には、黒板に掲示した全文に教師が整理して書き込んでいく。

〈子どもが挙げてくると予想されること〉
・最初に調べたきっかけや理由を書いている。(最初の段落)
・次に、調べ方を書いている。(2番目の段落)
・調べて分かったことで、アルミ缶にある記号と非常口の記号の2つを取り上げている(「なか」で2つのことを2つの段落で説明している)。
・記号を書いていて、どういうことなのかが分かりやすい。
・まとめに、2つの記号から分かったことが書かれている。
・まとめには、感想も書かれている。
○見て分かったことだけでなく、聞いて分かったことや考えたことも書いている。
○(説明文の学習で学んだ)「はじめ、中、終わり」の組み立てになっている。
○ほうこくする文章でよく使う「調べました」「分かりました」「考えました」「気がつきました」などの言葉や、「~をしめしています」「~のようです」「~だそうです」「~のです」などの文末表現を使っている。
・絵を取り入れて、どうなっているかを分かりやすくしている。

※教科書をよく見ると、これらの内容の大半は、「たいせつ」や「よく使う書き表し方」として掲載されている。
※子どもが自力で全部見つけることは難しいかもしれないが、この後の話し合いで補われ、これに近いことを見つけられていればよい。

④話し合う	・③で出てきたことを整理して、「がんばりポイント」に整理していく。 ・「この段落には何が書かれているか? どうしてそのことを書いたと思うか?」を問えば、どんなことを書けばいいかが整理できる。
⑤まとめる	○まとめは、報告する文章を書くためのそれぞれの「がんばりポイント」を書かせればいい。黒板に挙がっているうまいところを整理したものの中で、自分が頑張ろうと思うこと(納得したこと)を書き留めておくようになる。

モデル作文の鑑賞指導を通して、「何を調べたらいいのか」と「どのような

ものを報告書というのか」という概略をつかんだことになる。加えて、今までに書いたものと比べて、今回の頑張りどころ（今までとの違い）をつかんだ。

《第2時》

①前時を振り返る ②めあてをもつ	・「がんばりポイント」を再掲して、「何を」「どのように」書いていけばよいのかをそれぞれにもたせる。 ・「こういう報告書を書き上げるにはどうすればいいか」を投げかけて、学習の全体像をつかむ。 ・めあては「学習の見通しをもとう」のようになる。
③教材を読んで、学習の見通しをもつ	・それぞれに自分で教材（教科書）を読ませて、どんな手順で書いていけばいいかを考えさせる。 ・教科書掲載の「活動の流れ」では、「決めよう・集めよう → 組み立てよう → 書こう → 伝えよう」となる。前述の8段階の「表現過程＝学習過程」を示して、それぞれどうしていくのか、どうつながっていくのかを考える機会にするのもよい。 ・子どもが、どのように調べて、選んで、書いていくのかという手順をつかめるようにしたい。
④まとめる	○8段階の表をアレンジして、「こういう手順で書いていくよ」とノートに貼らせて、具体的な活動を書き込ませていくのも一つの方法である。
⑤素材集めの方法を知る	・素材集めの仕方を知らせ、その練習をする。 　（課外の素材集めに備えるための説明と練習である）

ここまでの2時間で、「何を（内容）」「どのように（方法）」書くのかの見通しをもたせることはできる。

【「2素材を集めて、3主題を決める」の授業づくり】

```
《課外》
◎素材を集めてくる。（可能であれば、3つ以上）
 ・記号一つにつき、1枚のカード
 ・絵と言葉で書く。→ どこで見つけたのか。
                   何をつたえようとしているのか。
                   そのことをつたえるための工夫があるか。
                   その記号からわかること。見つけたこと。感じたこと
                   など
```

《第3時》

①紹介する（導入） ②めあてをもつ ③自分の考えをもつ ④メモ書きを紹介して話し合う ⑤見直して、主題を決める（まとめ）	・課外に集めてきたカードをグループの人と紹介し合う。 ・本時のめあては「何をほうこくするかを決めよう」である。前時に今後の活動を見通していれば、当然の展開となる。 ・複数のカードから、自分が報告するカード（記号）を決めて、「選んだ理由」「その記号は何を伝えるのか（何を報告するのか）」をメモ書きする。 ・グループの友達が「どの記号を」「どのように」報告するのかを知り、その良さや問題点を話し合う。 ○2つの記号について、よい関連性があるものや比較できるものなどを例示して、報告にふさわしい、価値ある記号の選び方について考える。 　（例）黄色を中心にした記号……伝えたいことが「注意をしてほしい」という似たところがある。目立たせたいのだろう。 　　　　人型がある記号………どうしてほしいかを伝えているのだろうなど ○メモ書きを見直して、自分が報告する2つの記号を決める。 ・「選んだ理由」「記号が伝えること」「2つの記号のつながり」などを書き加えておく。

	※⑤の見直しの段階で、自分の集めてきたカードの不十分さに気付いて、もう一度素材を集め直したいという子どもも出てくる。それは、むしろよいことで、「見直す」とはどうすることかが納得できた姿である。 ※友達のカードに触発されて、もっと集めたくなったという子どももいるだろう。友達と交流したからこその効果である。

【「4取材メモをして、5構想メモを書く（6下書きをする）」の授業づくり】

《課外》
◎書くことに決めた記号について、もう一度詳しく調べる。
　→ 素材集めの時のカードを詳しくして、グレードアップさせる。
　※これについては、すでに十分な取材をしていて不要な子どももいる。どうグレードアップさせるかについて、前の授業の最終盤で例示をしておきたい。

《第4時》

①メモ書きを見る	・前時に主題を記したメモ書き、あるいは、課外にグレードアップさせたカードなどを用意し、選んだ記号と記号が伝えることなどを確かめる。
②めあてをもつ	・「こうそうメモを書こう」が本時のめあて。8つの段階を示しているならば、取材メモを活かして構想メモにしていく段階になる。
③構想メモを書く	○次のような「こうそうメモ」を配布して、分かったことなどを書き入れるように伝える。

おまけ	まとめ	なか2	なか1	はじめ	文章構成
					題

④構想メモを読み合う	・前時に記したメモ、課外にグレードアップさせたカードなどの内容を書き込んでいけば、「なか1」「なか2」は埋まるはずである。 ・「なか1」と「なか2」の記号を選んだ理由や関係性から「まとめ」のところで伝えたいことが明らかになればよい。 ・そうすると、「題」も考えられる。 ○グループの友達の構想メモ「なか1」「なか2」「まとめ」を読んで、よかったところ、分かったことなどを伝え合う。 ○教師が「なか1」「なか2」「まとめ」の関係がうまく記述できている例（モデル）を紹介して、どこがいいのかを話し合う。 ・「なか1」と「なか2」が別々のものでなく、何らかのつながりがあると、「なか」と「まとめ」がつながってくる。
⑤構想メモを見直す （まとめ）	○必要に応じて、構想メモを見直して修正する。 ・付箋紙等活用して、修正部分を表に貼り付けるようにする。 ※「構想メモを書く」とはどうすることかを自覚させておきたい。

《第5時》

①構想メモを見る ②めあてをもつ	・前時に書いた構想メモの空いているところはどこかを尋ねる。 ・「はじめ」「おまけ」が空いていることを確かめる。 ・「こうそうメモを完成させよう」がめあてになる。
③「はじめ」を書く	・「はじめ」には、どんなことを書けばいいのかを考える。 ○モデルを参考にして、真似て書いてよいことを知らせてから、自分で「はじめ」を書く。
④「おまけ」を書く	○「おまけ」には、記号のよさ（おもしろさ）や自分がこれからどうするか（記号を見ていくか）、「なか」で書き切れなかった記号の一言紹介、「まとめ」に入らなかったことなどを書けばいいことを知らせる。 ・「おまけ」は書きたい人が書くところなので、無理に書く

⑤「はじめ」「おまけ」を読み合う	ことを作り出す必要はない。 ○グループの友達の「はじめ」「おまけ」を読んで、よかったところ、分かったことなどを伝え合う。 ○教師が、読み手意識ができている「はじめ」や「なか」につながる見通しをもちやすい「はじめ」の例、また、記号のおもしろさを記述できている「おまけ」の例などを紹介して、どこがいいのかを話し合う。
⑥構想メモを完成させる （まとめ）	・必要に応じて、「はじめ」「おまけ」を修正して、構想メモを完成させる。 ※どういう手順で構想メモを書いていったかを自覚させておきたい。

　本来は、この後に「6下書きをする」の段階に入ればいいのだが、構想メモを修正しながら丁寧に仕上げたので、構想メモが下書きの役割も果たしていると考え、ここでは省略する。

【「7清書する」の授業づくり】
《第6時》

①めあてをもつ	・構想メモが完成しているので、子どもはすでに「書きたい」「書ける」という状態になっている。 ・「清書をして、見なおそう」がめあてになる。
②清書する	○構想メモの内容をもとにして、報告の用紙（清書用紙）に書く。 ・書き始める前に、「段落を意識すること」「絵をどう入れるか工夫すること」などを伝える。 ・報告の用紙は、作文用紙ではなく、横罫で自由に書くことができるものが好ましい。 ・絵は、小さいカードなどに書いておき、報告の用紙に貼り付けるようにするのがよいかもしれない。
③見直す	○書き終わったら、自分で小さな声を出して（微音読して）読み返す。

	・グループの友達に読んでもらうのもよい。 ※清書するときに、何に気を付けたか、どういう手順で書いたかなど想起させ、自覚につなげたい。

【「8 読み合う」の授業づくり】
《第7時》

①めあてをもつ	・清書が完成しているので、次に何をするかとなると、「友達の報告書を読みたい」となる。グループの友達がどの記号について紹介しているかは知っているが、ほかの友達の報告も読んでみたいとなっているはずである。
②友達の報告書を読む	・「友だちのほうこく書を読んで、いいところを見つけよう」がめあてになる。 ○読む時の観点を知らせる。この単元で頑張りポイントとしてきたことの振り返りにもなる。 ・「なか1」「なか2」のつながりについて ・「なか」の2つの説明と「まとめ」のつながりについて ・「はじめ」が、読み手を引きつけているか ・その他……段落のこと、絵のこと、読みやすさ　など
③カードを整理する	○報告書を読んで、いいところをカード（付箋紙）に書く。（カードに上記の観点を示しておくのもよい） ・カードを交換して、自分の手元に来たカードを整理する。 ・自分の報告書を友達がどう認め、誉めてくれたかを確認する。
④ポートフォリオを作成する	○報告書作成のために使ったワークシート、カードなどを整理してポートフォリオにする。 ・清書作成までに書いたり使ったりしたワークシート、カードや本時に友達から受け取ったカードなどを見直す機会とする。 ・最後に、報告書作成のための手順（第2時に配布したもの）に沿って、ここまでの学習の軌跡（表現過程）を確かめる。

※④の「ポートフォリオにまとめる」に時間を要するようであれば、ここだけで１時間とってもよい。

　どういう手順で、どういう活動をして、どんな思考をしたから報告書が完成したのかを振り返って　自覚させることが、書く活動を厭(いと)わなくする第一歩である。

4　単元構想・授業づくりの解説／まとめ

　初めに、「子どもの『「つまずき』に応えて、つまずきを取り除いてやるのが作文指導である。書くことへの抵抗をなくすとは、『何を』と『どのように』」子どもの中にもたせることである」と述べた。

　「何を（内容）」は単元、教材によって異なるが、そのことを書く必然を子どもの中にもたせるための細やかな配慮が必要である。モデル作文を読んで「どんなことが書く対象になるのか」を知らせていくのは一般的な手法である。加えて、対象について知っていることを語らせたり、クイズ形式にして対象のよさを知らせたりすると、書く必然をもたせやすくなる。唐突に、「今日から〇〇のことを作文に書き表すことにします」と伝えるようなことは避けたいものである。

　「どのように（方法）」をつかませるには、モデル作文のうまいところを見つけていくのが一般的である。その中で、その単元ならではの書き表し方を見つけて、「それを使って自分も書こう」と見通しをもてればよいのである。

　こう考えてくると、モデル作文の鑑賞指導「うまいところ見つけ」がとても大切な役割を担っていることが分かる。作文単元の教材研究の仕方が分からないというお尋ねには、「教科書掲載のモデル作文の分析から始めればいい」とお伝えすることにしているのは、これらのことからである。

　もう少し大きな意味での「どのように（方法）」をもたせるには、「このようにして書けばいいのだな」と書くための方略をつかませていくしかない。書き上げるための手順をきちんと踏んで、自分で書き上げる体験を重ねてい

く中で、「どのように（方法）」をつかんでいくのである。国語科「書くこと」の単元なのだから、「こういう手順で考えていけば書き上げることができる」と自覚させたいものである。そこで提案したのが「子どもに自覚させたい「表現過程＝学習課程」である。

　8段階のスモールステップをきちんと通っていくことが、書き方（表現の仕方）を学んでいくことになる。手順を踏めば、誰でも無理なく書くことができるということを実感させたいものである。子どもの中に、この手順が残っていくならば、「どうやって書けばいいのか分からない」「書くことができない」という子どもは減っていく（いなくなっていく）はずであろう。

　「①作品・モデルを読む」の大切さは先に述べた。「②素材を集める」と「⑤構想メモを書く」の後にある《見直し》がうまく成立するかどうかは、この表現過程の肝である。子どもが自分で自分の作文を見直し、方向性をもってよりよくしていこうとするところだからである。とはいえ、子どものもっている力に頼って放っておいたのでは、なかなか見直せない。そこで、うまく活用したいのが教師が示すモデルである。見直させたいポイントが含まれているモデルを示すのもよいし、平均的なものをモデルとして示して一緒に見直して改良していくのもよい。「こういう素材に価値があって主題につながりそうだ」「こういう表し方をすればよりよく伝わりそうだ」と、子ども自身が自覚をもって見直していくように仕向けたいものである。

5　評価について

　これからの評価は、下記のように分けて考えるとよいと言われている。
① 「知識・技能」に関する評価は、伝統的にこれまでも大切にしてきたもので、結果から　判断することができる。「書くこと」の単元では、書き上げた作文、ワークシート、カードなどがあることから、それをもとに到達度を評価することができる。

> ①「知識・技能」の観点から評価を行う事項……「○○することができる」
> ②「思考・判断・表現」の観点から評価を行う事項……「○○している」
> ③「主体的に学習に取り組む態度」の観点から評価を行う事項……「○○しようとしている」

②「思考・判断・表現」に関する評価は、パフォーマンス評価（ＰＡ）が中心になる。思考の必然性がある場面で生み出される学習者の活動内容や作品を手がかりにして、概念の意味理解ができているか、知識・技能を総合的にな活用しているかなどの力を質的に評価することになる。表現過程を通っている時（授業の中での活動の様子）をもとに、どう思考しているのか、思考と表現が結びついているかなどを評価することになる。

③「主体的に学習に取り組む態度」に関する評価は、最も困難と言われている。どこかの学習場面を切り取って、規準となる姿を見いだすのように単純にいかないからである。

　そこで活用したいのが、ポートフォリオである。一人ひとりの学びの多様性に応じて、学習の過程における形成的な評価を行うことができるので、子どもの資質・能力がどう伸びているかを評価することができる。

　ポートフォリオを活用しての評価は、子ども自身も自らの伸びを把握できるようにしたいものである。

4 第4学年の「書くこと」の授業づくり
―「新聞を作ろう」(光村図書4年上)を主教材とする
単元の場合―

1 第4学年の「書くこと」の授業づくり

　前の章で3年生「ほうこくする文章を書こう」の授業づくりについて詳しく紹介したので、ここでは、3年生の授業のつくり方を応用して4年生の授業づくりの概略を考えることにする。なお、4年生は3年生と共に中学年であることから、指導要領に示されている「目標」や「指導事項」は共通である。

　新聞を作成するにあたって、教科書教材はグループで作成することを例示しているが、ここでは、個人で作成することを原則にして考える。それは、一人ひとりに確実に体験させ、書き方(書くための方策)としてつかませたいからである。ただ、図書館やパソコンルームで調べる、インタビューする、アンケート調査するなどの取材の際には、似たテーマの友達と一緒に取材活動をすることもあってよいと考えている。

1) 指導の概略
○単元名「調べたことを整理して書こう」
○単元目標

　〈目標〉
　◎書くことに合わせて取材をしたり、アンケート調査などをしたりして、周りの人に新聞で伝える内容をもつことができる。
　◎8段階の過程を通ることで、新聞づくりのポイントを体得して、今後に活かすことができる。
　　→〈なぜこの時期に新聞作成なのか〉

※新聞だと、相手意識、目的意識、主題意識を明らかにする必然がある（誰に、何を、どのように伝えるか）。

※紙面というスペースの制約の中で、効果的に伝える方策を吟味する必然がある（見出し、字数制限、図表の割り付けなど）。

※アンケート、インタビューなど伝えたいことをよりよく伝えるための方策を組み込む必然をもちやすい。

●これまで報告系の文章を「書くこと」の単元で培ってきた学力を発揮しながら確かめていくことができる。

●他教科・領域で新聞で表現することが増えてくると予想される中で、新聞の書き方をつかみ、今後に活かしていくことができる。

〈取材に関すること〉

○身の回りにあることから何をテーマにするかを考え、決めることができる。

○テーマについて何を調べて、どう知らせていくかを構想することができる。

○計画に沿って調べたり、尋ねたりすることができる。

・アンケート調査の方策　　・インタビュー調査の方策

〈記述に関すること〉

○伝えたいことが明確になるように、短い文をつないで記事を書くことができる。

○記事の内容に合わせて、新聞の題名や小見出しなどを付けることができる。

〈構成に関すること〉

○記事（下書き）の長さなどを調整して、新聞の形に割り付けることができる。

○図や写真などを取り込んで、より分かりやすい紙面にすることができる。

〈推敲や鑑賞に関すること〉
○記事を読み返して、必要に応じて修正する。
○できあがった新聞を読み合い、感想を伝えることができる。
○新聞を完成させるまでの手順を振り返り、伝えたい内容を相手により分かりやすく伝える新聞をつくるための手順や、アンケート・インタビューの方策について確かめることができる。

子どもに自覚させたい「表現過程＝学習過程」〈表現過程の例・再掲〉
① 作品・モデルを読む → 「何を」「どのように」書くのかの概要をつかむ
　　（鑑賞指導から活動の見通しへ）（うまいところ見つけ・問題点を探す……）
② 素材を集める　　　→ 書くことを決める。
　　《見直し　Ⅰ》
③ 主題（テーマ）を決める → 書く値打ちのあることを決める。
④ 取材メモをする　　→ 取材（テーマ）をもとに材料を集める。
⑤ 構想メモを書く　　→ 書く順序を決める。
　　《見直し　Ⅱ》
⑥ 下書きをする　　　→ ことば遣い、文章構成、表記などに気を付けて書く。
⑦ 清書をする　　　　→ 推考し、丁寧に書く。
⑧ 読み合う　　　　　→ 対象へのかかわり方、とらえ方、表し方について読み合って評価し合う。

※８つの過程（ステップ）は、１過程に１時間かかるわけではない。１過程に複数時間要することもあるし、複数の過程を１時間で通っていくこともある。活動を通して、こういう思考をする体験をすることを大切にしたい。

2）指導の実際
【1「作品・モデルを読む」の授業づくり】
　「大切なことをひと目で知らせる」の全文を掲載したワークシートを用意する。ワークシートと同様の全文が黒板に掲示できるようにしておく。

《第１時》
① 新聞について話し合う。
　・新聞（子ども新聞）などを見て、新聞の特徴について紹介し合う。
　・「相手意識（誰に）」「目的意識（何のために）」「主題意識（何を）」伝えようとしているのかを話し合う。
② めあてをもつ。
　・これから自分で新聞を作成することを知らせて、「新聞の特ちょうを見つけよう」というめあてを知らせる。
③ 一人学びをする。
　・「みんなの防災新聞」のうまいと思うところに印をつけ（サイドラインを引いて）、うまい理由を付箋紙に自分の言葉で書き込む。
④ 発表し合う。
　・②で書き込んだうまいところをグループで発表し合い、拡大版の紙面に整理して書き込む。
　・全体で話し合う際には、グループ毎の紙面を板書に提示しながら、「防災新聞のいいところ＝新聞作りのポイント」としてまとめていくようにする。

〈子どもが挙げてくると予想されること〉
　・防災のことを「地域の災害対策（安全マップ）」「校長先生インタビュー」「防災アンケート」の３つのことから説明している。
　・インタビューで聞いたことをうまくまとめて記事にしている。
　・アンケートで「災害への備え（家庭）」を尋ねて、多くの家庭が取り組んでいることを記事にしている。
　・アンケートの結果をグラフにして示しているから分かりやすい。
　・それぞれの記事に分かりやすい小見出しがついている。
　「そうです」「〜のです」などの文末表現を使っている。

⑤ まとめる。
・④で出てきたことを整理して、それぞれの「がんばりポイント」としてまとめる。
（クラスの「がんばりポイント」を決めて、その中から自分の「がんばりポイント」を選ばせるようなまとめも考えられる）

この場合は、「どのように記せば新聞になるか（「どのように」・方略）」をつかんだことになる。「何を伝えるのか（内容）」は、この後見通しをもつ段階で例示され、考えていくことになる。

《第2時》
① 前時を振り返る
・「がんばりポイント」を再掲して、「どのように」書けばいいのを確かめる。（前時の復習）。
② めあてをもつ。
・「こういう新聞を書き上げるにはどういう手順で書けばいいか」を投げかけて、学習（活動）の全体像をつかむ。
・めあては「学習の見通しをもとう」のようになる。
③ 教材文を読んで、学習の見通しをもつ。
・それぞれに自分で教材文（教科書）を読ませて、どんな手順で書いていけばよいかを考えさせる。
・教科書掲載の「活動の流れ」では、「決めよう・集めよう → 組み立てよう → 書こう → つたえよう」となる。前述の8段階の「表現過程＝学習過程」を示して、それぞれどうしていくのか、どうつながっていくのかを考える機会にするのもよい。
・子どもが、どのように調べて、選んで、書いていくのかという手順をつかめるようにしたい。
④ まとめる。
〇8段階の表をアレンジして、「こういう手順で書いていくよ」とノート

に貼らせて、具体的な活動を書き込ませていくのも一つの方法である。
⑤ 素材集めの方法を知る。
・素材集めの仕方を知らせ、その練習をする。
（課外の素材集めに備えるための説明と練習である）

ここまでの２時間で、「何を（内容）」「どのように（方法）」書くのかの見通しをもたせたことになる。

【「２素材を集めて、３主題を決める」の授業づくり】
※前時（第２時）の終末に素材集めの方法を知り、体験しておくことが大切である。

《第３時》
① 紹介する。（導入）
・課外に集めてきたカードをグループの人と紹介し合う。
② めあてをもつ。
・本時のめあては「何を新聞で伝えるかを決めよう」である。
③ 自分の考えをもつ。
・複数の素材から、自分が伝えようと思うことを決めて、「伝えたいこと」「それを選んだ理由」「そのことを伝える意味（どんないいことが想定されるのか）」をメモ書きする。
④ メモ書きを紹介して話し合う。
・グループの友達が何を報告するのかを知り、その良さや問題点を話し合う。
○読み手に伝えたいことがはっきりしているもの（メモ書き）を例示して、伝える意味（価値）と、どんな記事があれば伝えたいことがよりよく伝わるかについて話し合わせる。

(例)「もっともっと学校図書館を活用しよう」
　→ クラスのみんなの様子を見ていると、図書館によく行く人とほとんど行かない人に分かれている。行かない人に対して図書館のよさを伝えて、行きたくなるようにしたい。(実態と主題)
　→ グラフを使って、図書館の利用の様子を数字で表すとよい。
　　よく行っている人にインタビューして、図書館の魅力を語ってもらうとよい。(記事の内容)

⑤　見直して、主題を決める。(まとめ)
　○メモ書きを見直して、自分が新聞にして伝えたいことを決める。
　・「伝えたいこと」「伝えたい理由」「伝える意味」について書き加える。
　・「こんな記事を組み込みたい(記事の内容)」を書く。
　　※⑤の見直しの段階で、自分の集めてきたカードの不十分さに気付いて、もう一度素材を集め直したいという子どもも出てくる。それは、むしろよいことで、「見直す」とはどうすることかが納得できた姿である。
　　※友達のカードに触発されて、もっと集めたくなったという子どももいるだろう。友達と交流したからこその効果である。
　　※「何を伝えるのか(主題)」については、素材の見直しや付加があっても次時までに決まっておくようにする。

【「4取材してメモに残し、5構想メモを書く」の授業づくり】
《第4時》
①　詳しく調べるための方法を知る。
　・教科書「取材をしよう」のページをもとに、取材の仕方を知る。
　　→ 実際に見て調べる。(写真の活用)
　　・インタビューをする。(3年生9月単元にインタビューの方策有り)
　　・図書館やインターネットで調べる。
　　○アンケート調査をする。(本単元で初出、次頁に方策有り)

② めあてをもつ。
　・本時のめあては、「取材の内容と方法を決めよう」である。
③ どの方法を使うかを考える。
　・「実際に見に行くとすると〜」「インタビューするならば〜」「学校　図書館、インターネットを使うならば〜」「アンケート調査をするならば〜」などを想定して、どんな内容を、どんな方法で取材するのかを決める。
④ 取材の内容、方法について紹介し合う。
　・③で想定した取材の内容、方法をグループで紹介し合う。
　　→ インタビュー、アンケート等をすることで、どんなことが出てきそうかを予想して、その良さを確かめる。
　　→ インタビュー、アンケート等に向かない内容の場合は、ほかの取材方法を探すように伝える。
⑤ 取材方法を決める。
　・取材内容、取材方法を決め、決めたことをメモに書き表す。
　　→ 取材ができるように準備をする。
　　※複数の方法を使って、幅広く取材することを勧める。
　　※新聞は個人で作成することを原則にするが、図書館やパソコンルームで調べる、インタビューする、アンケート調査するなどの取材の際には、似たテーマの友達と一緒にグループで取材活動をすることもあってよいので、必要に応じてグループを作る。

《第5時》
① めあてをもつ。
　・めあては、「取材をして、取材メモ（記事）を書こう」である。
② 取材する。
　・前時に決めた内容、方法で実際に取材する。
　　→ 図書館、パソコンルーム等に移動して、記事の内容を集めてくる。

→ インタビューの準備をして実行する。
　　　→ アンケートの計画を立てて実行する（集計する）。
③　取材メモに書いてまとめる。
　・取材して分かったことを「取材メモ」として書き表す。
　　　→ それぞれの方策毎に「取材メモ」を例示しておき、どのように記せ
　　　　ばいいのかを見通せるようにする。
④　振り返る。
　◎図書の本やインターネットから情報を集めてくるときの方策と留意点、
　　インタビューで取材するときの方策と留意点、アンケートで取材すると
　　きの方策と留意点などを想起して自覚させ、今後活用できるようにして
　　おく。

《第6時》
①　構想メモについて知る。
　・例を示して、紙面の概略を決めることが「割り付け」になることを知ら
　　せる。（新聞づくりの構想メモ ＝ 割り付け）
②　めあてをもつ。
　・「わりつけをして、下書きをしよう」がめあてになる。
③　割り付ける。
　・第3時に決めた「何を伝えたいのか」に立ち返って、ラフな新聞紙面に
　　調べたこと、分かったことなどを書き入れる（割り付ける）。
④　割り付けを紹介し合う。
　○グループの友達の割り付けを見て、よかったところ、分かったことなど
　　を伝え合う。
　○教師が「記事1」「記事2」「記事3」「まとめ（伝えたいこと）」の関係
　　がうまく記述できている例（モデル）を紹介して、どこがいいのかを話
　　し合う。
　・「伝えたいこと」を明らかにするために、それぞれの「記事」がうまく

つながっていると、分かりやすい（よく伝わる）新聞になる。
⑤ 見直してまとめる。
　○必要に応じて、割り付けを見直して修正する。
　・付箋紙等活用して、修正部分を表に貼り付けるようにする。
　※「割り付けを書く」とはどうすることかを自覚させておきたい。
　※割り付けの面積から、それぞれの記事の字数を計算しておく。

【「6下書きをする」「7清書する」の授業づくり】
《第7時》
① めあてをもつ。
　・割り付けが完成しているので、子どもはすでに「書きたい」「書ける」という状態になっている。
　・「下書きをして、新聞紙面をつくろう」がめあてになる。
② 下書きをする。
　・記事毎に、字数を意識しながら記事を書いていく。
　・それぞれの記事を下書きして、「このスペースにこの記事が入る」のように集めていく。
③ まとめを書く。
　・第3時に書いた「伝えたいこと」と、取材して分かったこと（記事）をもとにして、まとめ（社説）を書く。
④ 見出しを考える。
　・記事の見出しを考えて、割り付けに書き込む。
　　→記事の内容を短く言い切れているか。
　　→読み手の興味を引く言葉を使っているか。
⑤ グループで紹介し合う。
　・時間が取れたら、グループで紹介し合えば、自分の下書きを見直す機会になる。
　　→見直すと、記事の一部を修正したり、見出しを直したりする姿が見

られるかもしれない。

《第8時》
① めあてをもつ。
　・「清書して、完成させよう」がめあてになる。
② 清書する。
　・割り付けをもとに、記事のスペースを決める。
　・写真や図表を書き入れる（貼り付ける）。
　・記事、社説などを清書する。
　・イラスト、飾り、色などをつける。
③ 推敲する。
　・自分の新聞を読み直して、完成させる。

【「8読み合う」の授業づくり】
　足しておくなどの配慮が大切である。
《第9時》
① めあてをもつ。
　・「友達の新聞のいいところを見つけよう」がめあてになる。
　・課外でも読み合っているが、授業の中できちんと視点をもって読み合う時間を保障するということになる。
② 友達の報告書を読む。
　○読む時の観点をもたせる。この単元で頑張りポイントとしてきたことの振り返りにもなる。
　　・「調べたこと」「インタビュー」「アンケート」など取材をして記事を作成しているか。
　　・「伝えたいこと」と1つひとつの記事がつながっているか。
　　・インタビューで聞いたことのまとめ方がいいか。
　　・アンケートで分かったことがよく伝わっているか。

・アンケートの結果の表し方がいいか。
　　・小見出しが分かりやすいか。
　　・割り付け（紙面の構成）がうまくできているか、など
③　カードを整理する。
　○報告書を読んで、いいところをカード（付箋紙）に書く。
　・カードを交換して、自分の手元に来たカードを整理する。
④　ポートフォリオを作成する。
　・自分の新聞を友達がどう認め、誉めてくれたかを確認する。
　○新聞作成のために使ったワークシート、カードなどを整理してポートフォリオにする。
　・清書作成までに書いたり使ったりしたワークシート、カードや本時に友達から受け取ったカードなどを見直す機会とする。
　・最後に、新聞作成のための手順（第2時に配布したもの）に沿って、ここまでの学習の軌跡（表現過程）を確かめる

5　第6学年の「書くこと」の授業づくり
　　―「ようこそ、私たちの町へ」（光村図書6年）を
　　　　　主教材とする単元の場合―

1 「ようこそ、私たちの町へ」（光村図書6年）の授業づくり

　これまでに3年生「ほうこくする文章を書こう」、4年生「新聞を作ろう」、5年生「活動報告書を作成して、よりよい活動につなげよう」の授業づくりについて紹介した。ここでもこれまでの授業のつくり方を応用して、6年生の授業づくりの概略を考えることにする。指導要領では高学年の括りで、5年生と同じなので省略する。
　パンフレットを作成するにあたって、教科書教材はグループで作成することを例示しているが、ここでは一人ひとりが個人で作成することを原則にし

て考える。それは、一人ひとりに確実に体験させ、書き方(書くための方策)としてつかませたいからである。ただ、ブレーンストーミングをして構想を練ったり、一緒に取材したりするなど、グループでの活動は要所要所で取り入れることにする。

パンフレットの内容については、教科書モデルは「遠くから訪ねてくる人に町のよさを伝える」であるが、「新入生(その保護者)に学校のよさを伝える」「イベントの来場者にその地域に伝わる産業(文化活動、特産品など)のよさを伝える」などに変更してもよい。総合的な学習などの情報発信の段階を担当するように、クロスカリキュラムで構想できればさらによい。

1) 指導の概略
○単元名「町のよさを伝えるパンフレットを作ろう」
○単元目標

目　標

〈取材に関すること〉
○自分の町(学校・地域・○○)の好きなところを考え、よいところや特徴を見つけだすことができる。
○よいところや特徴をもとに、何を伝えるかを吟味することができる。
○伝える事物・場所について、情報を集めて、価値ある情報を吟味することができる。

〈記述に関すること〉
○集めた情報や材料を整理して、伝えたい内容を記述することができる。
○見出しやキャッチコピー、図や写真などを組み合わせて、読み手を引きつけることができる。
○伝える事物のよさを的確に伝える言葉や、具体的な数値など、読み手が興味をもつであろうことを記すことができる。

〈構成に関すること〉
○目次を作成して、割り付けをすることができる。
○それぞれの記事の概略をつかんで、パンフレットの全体像をつかむ(それぞれの字数、面積等を決める)。

〈推敲や鑑賞に関すること〉
○パンフレットを読み返して、必要に応じて修正する。
○できあがったパンフレットを読み合い、感想を伝えることができる。
○パンフレットを完成させるまでの手順を振り返って、その書き方を確かめることができる。

子どもに自覚させたい「表現過程＝学習過程」〈再掲〉

① 作品・モデルを読む → 「何を」「どのように」書くのかの概要をつかむ
　　（鑑賞指導から活動の見通しへ）（うまいところ見つけ・問題点を探す……）
② 素材を集める　　　→　書くことを決める。
　《見直し　Ⅰ》
③ 主題（テーマ）を決める →　書く値打ちのあることを決める。
④ 取材メモをする　　→　取材（テーマ）をもとに材料を集める。
⑤ 構想メモを書く　　→　書く順序を決める。
　《見直し　Ⅱ》
⑥ 下書きをする　　　→　ことば遣い、文章構成、表記などに気を付けて書く。
⑦ 清書をする　　　　→　推考し、丁寧に書く。
⑧ 読み合う　　　　　→　対象へのかかわり方、とらえ方、表し方について読み合って評価し合う。

※ 8つの過程（ステップ）は、1過程に1時間かかるわけではない。1過程に複数時間要することもあるし、複数の過程を1時間で通っていくこともある。活動を通して、こういう思考をする体験をすることを大切にしたい。

2）指導の実際

【1 「作品・モデルを読む」の授業づくり】

　「全体の構成例」と「鐘の音ひびく時計台」を読んで、うまいところを見つける。全文を掲載したワークシートを用意する。ワークシートと同様の全文が黒板に掲示できるようにしておく。

《第1時》

①パンフレットについて話し合う	・パンフレットを見て、その特徴について紹介し合う。 ・「相手意識（誰に）」「目的意識（何のために）」「主題意識（何を）」伝えようとしているのかを話し合う。
②めあてをもつ	・これから自分でパンフレットを作成することを知らせて、「パンフレット新聞の特ちょうを見つけよう」というめあてを知らせる。
③一人学びをする	・「鐘の音ひびく時計台」の記事と「全体の構成例」のうまいと思うところに印をつけ（サイドラインを引いて）、うまい理由を付箋紙に自分の言葉で書き込む。
④発表し合う	・③で書き込んだうまいところをグループで発表し合い、拡大版の紙面に整理して書き込む。 ・全体で話し合う際には、グループごとに記事と構成例を提示しながら、「記事や構成例いいところ＝パンフレット作りのポイント」としてまとめていくようにする。

〈子どもが挙げてくると予想されること〉
・「題」にキャッチコピーをつけている。ＰＲのポイントがはっきりしている。
・ほかにはないようなよさ、特徴を書いている。
・「豆知識」として短くまとめてコラムにしている。
・実際に行ってみたからこそ分かる情報があって、来てほしいと誘っている。
・写真や図があって、分かりやすい。
・マップで始まり、「文化財一覧」で締めくくっているのがうまい。
・会場地図で全体を示して、「一週間のイベント情報」で行きたくなるように誘っている。

⑤まとめる	・④で出てきたことを整理して、それぞれの「がんばりポイント」としてまとめる。 　（クラスの「がんばりポイント」を決めて、その中から自分の「がんばりポイント」を選ばせるようなまとめも考えられる）

この場合は、「どのように記せばパンフレットになるか（「どのように」・方略）」をつかんだことになる。個人で作成することから、「表紙・なか（見開き）・裏表紙」の３頁を基本形とすることを伝えておくのもよい。

「何を伝えるのか（内容）」については、「町のよさ」なのか、「学校のよさ」「地域に伝わる○○のよさ」なのか、この段階までに伝えておくとよいかもしれない。これらを例示してそれぞれに選ばせることもできるし、今回はこれにすると決めておくこともできる。

《第２時》

①前時を振り返る	・「がんばりポイント」を再掲して、「どのように」書けばいいのを確かめる。（前時の復習）。
②めあてをもつ	・「こういうパンフレットを書き上げるにはどういう手順で書けばいいか」を投げかけて、学習（活動）の全体像をつかむ。
③教材文を読んで、学習の見通しをもつ	・めあては「学習の見通しをもとう」のようになる。 ・それぞれに自分で教材文（教科書）を読ませて、どんな手順で書いていけばいいかを考えさせる。 ・教科書掲載の「活動の流れ」では、「構想を練る → 取材する → 構成を考える → 記事を書く・推敲する・完成させる」となる。 ・前述の８段階の「表現過程＝学習過程」を示して、それぞれどうしていくのか、どうつながっていくのかを考える機会にするのもいい。 ・子どもが、どのように調べて、選んで、書いていくのかという手順をつかめるようにしたい。
④まとめる	○８段階の表をアレンジして、「こういう手順で書いていくよ」とノートに貼らせて、具体的な活動を書き込ませていくのも一つの方法である。
⑤素材集めの方法を知る	・素材集めの仕方を知らせ、その練習をする。 （課外の素材集めに備えるための説明と練習である）

ここまでの2時間で、「何を（内容）」「どのように（方法）」書くのかの見通しをもたせたことになる。

【「2素材を集めて、3主題を決める」の授業づくり】
　総合的な学習とのクロスカリキュラムであれば、この部分はすでにできていることになる。

《課外》
◎素材を集めてくる。（可能であれば複数）
・「何を」伝えるのかを考える。
　→　箇条書きで伝えたいことを書く。
　　　誰に対して（相手意識）、何のために（目的意識）、何を（主題意識）を語ることができるようにメモしておく。
　→　どんなパンフレットになっていくのか見通しを語ることができるように伝えておく。
※前時（第2時）の終末に素材集めの方法を知り、体験しておくことが大切である。

《第3時》

①紹介する（導入） ②めあてをもつ	・課外に集めてきたカードをグループの人と紹介し合う。 ・本時のめあては「何をパンフレットで伝えるかを決めよう」である。
③自分の考えをもつ	・複数の素材から、自分が伝えようと思うことを決めて、「伝えたいこと」「それを選んだ理由」「そのことを伝える意味（何を伝えたいのか）」をメモ書きする。
④メモ書きを紹介して話し合う。 （ブレーンストーミング）	・同じ内容（町・学校・地域に伝わる○○）で書こうとしている子ども同士でグループを作り、取り上げる題材やそのよさ、何を伝えられるかなどを書き出していく。 ・誰かのメモをもとにして、それに考えを重ねていくようにするのがいいかもしれない。

		○読み手に伝えたいことがはっきりしているもの（メモ書き）を例示して、伝える意味（価値）と、どんな記事があれば伝えたいことがよりよく伝わるかについて話し合わせる。
		例）「我が町の魅力発見」 ※この町は、新しく来た（住み始めた）人が多いので、町の魅力を伝えて、町を好きになってもらいたい。 　→ 我が町には、□□古墳、△△神社をはじめ、遺跡がたくさん残っている　それぞれの遺跡のことを紹介して、昔々はどんなところだったか想像してもらいたい。（新しい情報） 　→ それらの遺跡を巡りながらグルッと一周すると、いいハイキングコースになるので紹介したい。（この町の楽しみ方）
	⑤見直して、テーマと記事の内容を決める	○メモ書きを見直して、自分がパンフレットにして伝えたいことを決める。 ・「伝えたいこと」「伝えたい理由」「伝える意味」について書き加える。 ・「こんな記事を組み込みたい（記事の内容）」を書く。 ※④のブレーンストーミングや⑤の見直しの段階で、自分の集めてきたカードの不十分さに気付いて、もう一度素材を集め直したいという子どもも出てくる。それは、むしろよいことで、「見直す」とはどうすることかが納得できた姿である。 ※友達のカードに触発されて、もっと集めたくなったという子どももいるだろう。友達と交流したからこその効果である。 ※「何を伝えるのか（テーマ）」については、素材の見直しや付加があっても次時までに決まっておくようにする。

【「４取材してメモに残し、５構想メモを書く」の授業づくり】
《第４時＋課外＋第５時》

①詳しく調べるための方法を知る	○取材の仕方を知る。 →・実際に行ったり、写真をとったりして調べる。 ・詳しい人に会って、話を聞く。 ・公民館、図書館やインターネットなどで調べる。
②めあてをもつ ③取材の内容、方法について決める	・本時のめあては、「内容と方法を決めて、取材しよう」である。 ・「実際に見に行くとすると～」「詳しい人に話を聞くならば～」「学校図書館、インターネットで調べるならば～」などを想定して、どんな内容を、どんな方法で取材するのかを決める。 ・前時に作った同じ内容で書こうとしている子ども同士のグループを活用するのもよい。良さを確かめる。
④取材する	※複数の方法を使って、幅広く取材することを勧める。 ・実際に取材する。 → 実際に行って、情報を集めてくる。 → 図書館、パソコンルームなどに移動して、記事の内容を集めてくる。
⑤取材メモに書いてまとめる	→ 話を聞く準備をして実行する。 ・取材して分かったことを「取材メモ」として書き表す。 ○調べたことの中から、パンフレット載せる優先順位を決める。 ・テーマ（何を伝えたいのか）に立ち返ると、載せるべきことが分かってくる。

《第6時》

①構想メモについて知る	・例を示して、紙面の概略を決めることが「割り付け」になることを知らせる。（パンフレットの構想メモ＝割り付け）
②めあてをもつ	・「割り付けをして、下書きをしよう」がめあてになる。
③割り付ける	・第3時に決めた「何を伝えたいのか」に立ち返って、ラフな紙面に調べたこと、分かったことなどを書き入れる（割り付ける）。
④割り付けを紹介し合う	○グループの友達の割り付けを見て、よかったところ、分かったことなどを伝え合う。 ○教師が「表紙」「中（見開き）」「裏表紙」の関係がうまく記述できている例（モデル）を紹介して、どこがいいのかを話し合う。 ・「伝えたいこと」がよりよく伝わるように、それぞれの「記事」が役割を果たしていると分かりやすい（よく伝わる）パンフレットになる。
⑤見直してまとめる	○必要に応じて、取り上げる記事や割り付けを見直して修正する。 ・付箋紙等活用して、修正部分を表に貼り付けるようにする。

【「6 下書きをする」「7 清書する」の授業づくり】

《第7時》

①めあてをもつ	・割り付けが完成しているので、子どもはすでに「書きたい」「書ける」という状態になっている。
②下書きをする	・「下書きをして、新聞紙面をつくろう」がめあてになる。 ・記事毎に、字数を意識しながら記事を書いていく。 ・それぞれの記事を下書きして、「このスペースにこの記事が入る」のように集めていく。
③まとめを書く	・第3時に書いた「伝えたいこと」と、取材して分かったこと（記事）をもとにして、まとめ（社説）を書く。
④見出しを考える	・記事の見出しを考えて、割り付けに書き込む。 　→ 記事の内容を短く言い切れているか。

⑤グループで紹介し合う	→ 読み手の興味を引く言葉を使っているか。 ・時間が取れたら、グループで紹介し合えば、自分の下書きを見直す機会になる。 → 見直すと、記事の一部を修正したり、見出しを直したりする姿が見られるかもしれない。

《第8時》

①めあてをもつ ②清書する ③推敲する	・「清書して、完成させよう」がめあてになる。 ・割り付けをもとに、記事のスペースを決める。 ・写真や図表を書き入れる（貼り付ける）。 ・記事、社説などを清書する。 ・イラスト、飾り、色などをつける。 ・自分の新聞を読み直して、完成させる。

【「8読み合う」の授業づくり】

《課外》
◎完成したそれぞれの新聞を掲示板等に貼る。お互いに読み合うように伝えて、数日置く。
・「伝えたいことがきちんと伝わっているか」を中心に、よく書けているところを見つけるように伝えておく。
※付箋等を用意して、いいと思うところに貼り付けていくようにすると、「読み合う」ことに関心が向きやすい。
（友達からの付箋が集まりにくい新聞には、教師がいいところを見つけて付箋紙をしておくなどの配慮が大切である）

《第9時》

①めあてをもつ	・「友達の新聞のいいところを見つけよう」がめあてになる。 ・課外でも読み合っているが、授業の中できちんと視点をもって読み合う時間を保障するということになる。	
②友達の報告書を読む	○読む時の観点をもたせる。この単元で頑張りポイントとしてきたことの振り返りにもなる。	
	・「調べたこと」「インタビュー」「アンケート」など取材をして記事を作成しているか。 ・「伝えたいこと」と1つひとつの記事がつながっているか。 ・インタビューで聞いたことのまとめ方がいいか。 ・アンケートで分かったことがよく伝わっているか。 ・アンケートの結果の表し方がいいか。 ・小見出しが分かりやすいか。 ・割り付け（紙面の構成）がうまくできているか。など	
③カードを整理する	○報告書を読んで、いいところをカード（付箋紙）に書く。 ・カードを交換して、自分の手元に来たカードを整理する。 ・自分の新聞を友達がどう認め、誉めてくれたかを確認する。	
④ポートフォリオを作成する	○新聞作成のために使ったワークシート、カードなどを整理してポートフォリオにする。 ・清書作成までに書いたり使ったりしたワークシート、カードや本時に友達から受け取ったカードなどを見直す機会とする。 ・最後に、新聞作成のための手順（第2時に配布したもの）に沿って、ここまでの学習の軌跡（表現過程）を確かめる。	

第5章

「話すこと・聞くこと」の授業づくり

1 子どもの発達段階と身に付けさせたい コミュニケーション力

　目の前の子どもに対して「何を」「どこまで」求めるのかが決まらないと、目標が定まらない。子どものもっている力、経験値等によって異なってくるが、、概ね次のようにまとめることができる。

```
《低学年》……1対1の対話中心
            教師，隣の席の友達を相手にして
            文意識をもたせて（1文で1つのことを言う）
            活動体験そのものをよしとする
            ロールプレイから実の場へ
《中学年》……グループディスカッションができ始める。
            司会役、発表役、
            自分の考えとその理由を分けて話すことができる。→ 中学年前半
            ～
            自分の考えと友達の考えを比べる（考え・理由）→ 中学年後半
            （クラス全体の話し合いの際は、教師の手助けが必要）
            友達やおうちの人などの身近な人（共感してくれる人）に相手意識
            考えの足し算　→　論点のある話し合いに
            文を組み立てて、ひとかたまりの内容にする
            相手の話す内容を丁寧に聞き取る
《高学年》……グループディスカッション　→　クラス全体の話し合いに
```

第5章 「話すこと・聞くこと」の授業づくり　135

> 司会役（司会団）、書記など
> パネルディスカッション、討論、フォーラム、ディベートなどの多様な話し合い活動を組織する。
> クラスを越えて、他学年・他校，地域へと相手意識を広げていく。
> <u>※自分の考えを説得力のあるものにしていくための工夫・事例の取り上げ方（量、順番、示し方）</u>
> ※状況認識のうえに立った説得の論法（論理的な思考力の育成）
> ※相手の論理の展開を聞き取る。

2　「伝え合う力」を育てる

「伝え合う力」を育てるというのは、どういうことなのだろうか。話す技能、聞く技能、話し合う技能と関係が深いことは事実だが、それだけではない。対話の機能をもとに、子どもにどういう内面の力（素養）を育てたいのかを考える。

① 応答性
　・相手を固有名詞をもつ存在として認める。
　・しっかりと向き合い話しかける。
　・そのことばを受けた者は、誠実な自己照合を経て応える。
　・それを繰り返す。
　　<u>→ 対話が、書きことばや行動に触媒された相互行為に広がる。</u>

② 倫理的・論理的向上が図られること。
　・形だけのやりとりではなく，心の交流を深める。
　・　　　〃　　　　　　新たな認識を共同構築する。
　　<u>→ 互いの思いを聞き合う態度を養う＋論じ合う力を育てる。</u>

以上のことから、子どもの内面に育てたいことは、次のようにまとめることができる。1時間1時間の授業の中では当然技能に関わる指導も大切にするが、最終的に子どもの内面に育てたいのは、次のことではないだろうか。

> ※何人かが一緒に寄って集団ができれば、様々な考えがあって当たり前。多様な他者を受け入れることができるようにさせる。(他者理解)
> ※<u>集団で何かの話題で話し合うときには、自分の考えをきちんと筋道立てて説明し、強く主張したり我慢したり摺り合わせたりができるようにさせる(折り合いの付け方を身に付ける)</u>。

3 「話すこと・聞くこと」の授業づくりの特徴
  （メリットとデメリットの両面から）

① 音声言語のみの取り立て指導には，メリットとデメリットが混在している

　◎取り立て指導で、楽しい学習活動を通して具体的な力を付けていくことで、「何を」「どのようにすればいいのか」をつかませることができる。(最初の一歩＋普段していることの自覚＋経験値)

　△国語科の他領域，あるいは，他教科・領域での指導を組み合わせていかなくては，取り立て指導だけでは、子どもに「話すこと・聞くこと」の本当の力が育たない。

　△必然がないと，子どもが本気になれない。

　△思考を伴わない範囲のおしゃべりでは，力につながらない。

　△ゲーム的に活動を楽しんでも，指導者に明確な意図がなければ，方略的な知識として蓄積していかない。

② 音声言語の活動とほかの言語活動と総合的に扱うことのメリットとデメリット

◎上記、取り立て指導であるがゆえの「取って付けた感」を払拭できる可能性が高い。

◎もともとの（生活の中で使う機会が多いであろう）自然体な活動を柱にした単元計画が構想しやすい。

　△いろいろな活動をしているうちに、一般的に取り組みやすい音声言語に関わる指導が落ちてしまう場合がある。

　△考えをもって（思考）書き記す（表現）までの指導に精一杯になりがちで、「話すこと・聞くこと」の指導にまで力が残らない。

4　子どものコミュニケーション力を伸ばすために

●「自分の考えを自分のことばで表現すること」を中核に置いた授業づくりが大切である。

・めあて（課題）の力で思考を開始する
・めあてをもった子どもが自分で追求する中で、値打ちある言語活動を仕組む
　　［自分の考えを自分のことばで表現することを当たり前にする］
　　［「何を」「どう」書かせるのか］…子どもが自分の考えを説明するように仕組みたい
・発問に頼る授業展開を改める
・子どもがもった考えをきちんと発表させることが原点
　　［きちんと聞いてくれる教師と友達］
・本時の成果を明らかにする
　　［フィーリングで大きく包むようなまとめをしない］

●見通しを定めた指導の積み重ねが欠かせない。

> ・スピーチ（独話）の指導
>   → スピーチ原稿が仕上がっていないと、子どもはなかなか話せない。
>   スピーチ原稿の指導（「書くこと」の授業づくりと重なる）
>   → よりよく伝わるような工夫を加えさせる。
> ・音読の指導
>   → みんなが同じ文章を読むことから、みんなで考えたり比べ合ったりすることが可能。
>   「上手だね」というようなフィーリングの声かけでは伸びない。
>   多くの子どもができる工夫は、「声の大きさ・強さ」「速さ」「間の空け方」くらいである。「気持ちを込めて」は、フィーリングに陥りがち。
> ・「話すこと・聞くこと」の単元をいかに丁寧に扱うか
>   ［年間の指導計画に沿って、当該学年で求める姿を鮮明にするところから］
> ・「書くこと」（情報系作文）の単元でつける力とどう関係づけていくか

5 「話すこと・聞くこと」の授業づくり例 ①

1 独話・スピーチ型

> ① 見通しをもつ
>   ・教科書ページを活用（今まで学んできたことの想起）
>   ・CDなどを活用して、どんなスピーチをするのかを確かめる
>   ・教科書のモデルを見せればいいが、よりよい発表の仕方の例がすでに書き込まれている。
>   （本文だけのものを作成しておくと、次時に活用できる）
> ② 資料を読む
> ③ うまいところを見つける。
> ④ 自分が発表する資料を読み取り、活用する。
> ⑤ 発表原稿を書く（③の技が使えたかどうかを確かめる）。
> ⑥ 発表原稿を仕上げて（発表の仕方を書き込んで）、発表練習をする。

第5章 「話すこと・聞くこと」の授業づくり　139

⑦　クラス（グループ）で発表会をする。
※極力、どの時間も問題解決型の授業展開にして、いつものスタイルを通すことが肝要である。

2　対話・ディスカッション型

① 見通しをもつ
・教科書ページを活用（今まで学んできたことの想起）
・ＣＤなどを活用して、どんな話し合いをするのかを確かめる
・指導書にあるＣＤ台本を印刷して見せればいい。
（子どもが読めるＣＤ台本を作成しておくと、今後活用できる）
・よりよい話し合いにするための技（わざ）を見つけていくというようなめあてをもてるとよい。
② ＣＤ台本のうまいところを見つけて、話し合いの技（司会の仕方）をつかむ。
・ＣＤ台本をワークシートにして、うまいところを書き込ませて整理する。
③ ＣＤ台本のうまいところを見つけて、話し合いの技（参加者）をつかむ。
・ＣＤ台本をワークシートにして、うまいところを書き込ませて整理する。
④ 適当な議題を決めて、グループで話し合う（②③の技が使えたかどうかを確かめる）。
⑤ 適当な議題を決めて、学級で話し合う（②③の技が使えたかどうかを確かめる）。
※丁寧に進めるならば、⑤時の話し合いをＤＶＤに撮影しておき、④時にそれを見ながら検証していくのが望ましい。

6 「話すこと・聞くこと」の授業づくりの実際

「話すこと・聞くこと」の授業は、大きく分けて「独話・スピーチ型」と「話し合い・ディスカッション型」に大別できる。ここでは、それぞれの代表的な授業づくり例を挙げる。

1　独話・スピーチ型の授業づくり
　「資料から分かったことを、すじ道をたてて話そう」
　（光村図書３年上）を主教材とする単元の場合

【目標】○資料をもとにして（資料から読み取ったこととそこから考えたことで）発表原稿を書くことができる。　　　　　　　［書くこと］
　　　　○よく分かる発表にするための工夫を加えて、発表することができる。　　　　　　　　　　　　　　　　　　　　　　［話すこと］
　　　　○友達の発表を聞いて、読み取ったこと（内容）と発表の工夫（話し方）を聞き取ることができる。　　　　　　　　　［聞くこと］
　　　　※資料を読み取った発表の仕方（原稿の書き方・分かりやすい発表の仕方）を知ることができる。　　　　　　　［方略的な知識］

①　見通しをもつ（30分コース・残りの時間は新出漢字の学習などに活用する）。
　・教科書６ページを活用（今まで学んできたことの想起）
　・ＣＤなどを活用して、どんなスピーチをするのかを確かめる
　・教科書90ページの発表例（原稿）を見せればよいが、よりよい発表の仕方の例がすでに書き込まれている。
　　（本文だけのものを作成しておくと、次時に活用できる）

② 資料を読む
　・88ページの資料をワークシートに位置付け、気付いたことを書き込ませる。
　・気付いたことの整理の仕方をつかむ。

○めあて	「資料を読み取ろう」
○一人学び	分かったことを付箋紙に書き出す。
○学び合い	資料から分かることを発表する 　・分かったことをカードなどに整理する。 　　（項目別に箇条書き的に記す） 　・学び合い後半で、資料から分かったことをまとめて、考えたことをつくる。 　　（色の違うカードに書く） ※それぞれが選んだ資料（88ページの3種類の資料）で上記のことをして、発表し合う。1つの資料からでもいいし、複数にチャレンジしてもいい。
○まとめ	資料を読み取るときには、〜（中心的な方策） 読み取ったことから考えを作るときには、〜（目の向け方）

③ うまいところを見つける。
　・90ページの発表原稿（書き込みをなくしたもの）を使って、うまいところを書き込ませて整理する。

○めあて	「発表原こうのうまいところを見つけよう」
○一人学び	発表原稿全文提示シートにうまいと思うところを見つけて書き込む。
○学び合い	見つけたうまいところを発表する 学び合い後半で、見つけたうまいところを整理していく。
○まとめ	〈うまいところを整理して確かめる〉 　・「はじめ」と「結び」がある。 　・資料のどこから何が分かったかが書いている。 　・資料から分かったことと、考えたことを分けている。 ※当然〈たいせつ〉の内容と重なってくる。

④ 自分が発表する資料を読む

○想　起	②時の学習（資料の読み取り方・方策と目の向け方）を想起することで、見通しをもつ。
○めあて	「自分の資料を読み取ろう」
○一人学び	・資料に付箋紙を貼り付けながら資料から分かることを自分の言葉で表す。 ・読み取ったことから考えをつくってカードに記す。 ※ここが、本時のメインになる。
○学び合い	グループの友達と読み取ったこと、そこからもった考えを情報交換する ・自分の資料から読み取ったこと（付箋紙） ・読み取ったことからつくった考え（カード） ※アドバイスをもらえれば最高だが、一度発表してみて、自分なりに整理する程度か。
○まとめ	情報交換後に「読み取ったこと」「そこから考えたこと」を確定させる。 ※時間に余裕のある子どもは、複数の資料を読み取ればいいように仕組みたい。

⑤ 発表原稿を書く。

○想　起	③時の学習（発表原稿のうまいところ）と④時の学習（自分の資料から「読み取ったこと」「そこから考えたこと」）を想起する。 <u>④時の確認した内容を、③時に見つけた方法を使って書けばよいという見通し</u>をもたせる。
○めあて	「発表原稿を書こう」
○一人学び	ワークシートを用意する。 　→「はじめ」「資料について」「資料から分かったこと」「資料から考えたこと」「むすび」に分けて書き込めるようにしておく。 ※ここが、本時のメインになる。

○学び合い	グループの友達にワークシートに書いたことを聞いてもらう。
	※アドバイスをもらえれば最高だが、一度発表してみて、自分なりに整理する程度か。
○まとめ	自分でワークシートを読み直して、必要があれば直す。
	※推敲の第一歩。読み直すレベルで十分。

⑥ 発表原稿を仕上げて（発表の仕方を書き込んで）、発表練習をする。

○想　起	③時の学習（発表原稿のうまいところ見つけ）の時に、発表の仕方の書き込みを落としていたことに気付かせる。
	本時は、発表の仕方まで書き込んだ原稿に仕上げて、発表練習をするという見通しをもたせる。
○めあて	「発表原こうを仕上げて、発表練習をしよう」
○一人学び	④時に仕上げたワークシートを用意する。
	・画用紙に名前ペンで清書をする。
	・発表するときに気をつけることを書き込む。
	→ 間を取るところの印
	大きい声にするところの印
	ゆっくりにするところの印
	資料を指さすところの印（資料のどこを指さすのか）
	※ここが、本時のメインになる。
○学び合い	発表練習後、グループで実際にの友達に聞いてもらう。
	アドバイスをもらって修正できれば最高だが、一度発表してみて、自分なりに整理する程度か。
○まとめ	次時の発表会に向けてのがんばりポイントを書き記す。

⑦ クラス（グループ）で発表会をする。

○めあて	「分かりやすい発表をしよう」
	「友達の発表を聞いて、うまいところを見つけよう」
○一人学び	発表原稿をもとに資料を示して発表する。
＆	・発表の場を複数作って、発表機会を多くするのもよい。
学び合い	（ポスターセッションの要領で）
	発表を聞いた友達からコメントカードをもらう。
	（友達の発表を聞いて、コメントカードを書いて渡す）
○まとめ	もらったコメントカードを整理する。
	この単元で学んだことを確かめる。

※極力、どの時間も問題解決型の授業展開にして、いつものスタイルを通すことが肝要である。

2　話し合い・ディスカッション型の授業づくり
　　「よりよい話し合いをしよう」（光村図書４年上）を
　　主教材とする単元の場合

【目標】○ＣＤ台本から「話し合いの技（司会の仕方、参加者の心得）」をもつことができる。　　　　　　　　　　　［方略的な知識］
　　　　○話題の筋や他者の発言を意識して、「話し合いの技」に沿った話し方、聞き方ができる。　　　　　　　　　［話すこと・聞くこと］
　　　　※周りの友達を考えの異なる他者として認めることができ、話し合うことの意義を感じ取ることができる。
　　　　　　　　　　　　　　　［話し合うことの価値・生活に活きる力］

① 見通しをもつ（30分コース・残りの時間は新出漢字の学習などに活用する）。
・教科書６ページを活用（今まで学んできたことの想起）

・ＣＤなどを活用して、どんな話し合いをするのかを確かめる
・指導書にあるＣＤ台本を印刷して見せればいい。
（子どもが読めるＣＤ台本を作成しておくと、今後活用できる）
・よりよい話し合いにするための技（わざ）を見つけていくというようなめあてをもてるとよい。

② ＣＤ台本のうまいところを見つけて、話し合いの技（司会の仕方）をつかむ。
・ＣＤ台本をワークシートにして、うまいところを書き込ませて整理する。

○めあて	「森田さんたち（司会）のうまいところを見つけよう」 ※対象とする司会の発言を確かめる。
○一人学び	ＣＤ台本全文提示シートに、司会のうまいと思うところを見つけて書き込む。
○学び合い	見つけたうまいところを発表する 学び合い後半で、見つけたうまいところを整理していく。 〈うまいところを整理して確かめる〉 ①〈予定通り進めるために〉 　・はじめの言葉を言う 　・議題と話し合う理由について説明をする。 　・予定通りに進めるところと発言に合わせて進めるところがある。 　・話し合いの進め方を知らせている。 ②〈意見が出るようにするために〉 　・それぞれの意見をノートに書く時間をとる。 　・意見が出ないときに、グループで話し合うように言っている。 　・聞き方を変えてみる。 ③〈話し合いを進めるために〉 　・意見を黒板に書いて分かりやすくする。 　・意見を整理している。 　・賛成、反対の両方からの意見を求めている。

○まとめ	④〈まとめるために〉 ・話し合ってきた意見をまとめて報告している。 ・学校全体で話し合うこと、今後話し合うことに整理してまとめている。 ※当然〈たいせつ〉の内容と重なってくる。 整理した司会のうまいところを整理して、クラス・グループでの話し合いの時に使いたいことを決める。 ※子どもは、代表的なものをメモして書き留める。 ※次時までに、教室横などに掲示できるまとめカードを作成する。

③　CD台本のうまいところを見つけて、話し合いの技（参加者）をつかむ。
・CD台本をワークシートにして、うまいところを書き込ませて整理する。

○めあて	「話し合いに参加している人のうまいところを見つけよう」 ※対象とする参加者の発言を確かめる。
○一人学び	CD台本全文提示シートに、参加者のうまいと思うところを見つけて書き込む。
○学び合い	見つけたうまいところを発表する 〈いつも気をつけること〉と〈①～④の段階で気をつけること〉に分けて発表させていくとよい。 学び合い後半で、見つけたうまいところを整理していく。 〈うまいところを整理して確かめる〉 　◎考えと理由に分けて話すとよい。 　◎「似ていて」「付けたして」「違って」などをはじめにつけると、立場がはっきりして聞き取りやすい。 　①何について話し合えばいいかを提案している。 　②グループでの話し合った成果を発表している。 　③友達の考えに付け足して、こうすればもっといいと提案している。 　◎前の人の発言を受けて発言ができると話し合いがつながってくる。…… ※当然〈たいせつ〉の内容と重なってくる。

○まとめ	整理した参会者のうまいところを整理して、クラス・グループでの話し合いの時に使いたいことを決める。 ※子どもは、代表的なものをメモして書き留める。 ※次時までに、教室横などに掲示できるまとめカードを作成する。

④ 適当な議題を決めて、グループで話し合う。

○想　起	②時、③時にまとめたうまい話し合いの技を確かめて、どの技が使えそうかの見通しをもつ。
○めあて	「『例・4年2組にはどんな係が必要か』についてグループで話し合おう」
○一人学び & ○学び合い	自分の考えをワークシートに記す。 司会役を決めて、グループで話し合う。 〈司会役〉 ②時に見つけた司会の技を使いながら、進行する ※必要があれば、司会のマニュアルを作成して渡す。 〈参加者〉 ③時に見つけた参会者の技を使いながら、参加する。 ※半数のグループが話し合い、残り半数のグループは話し合っているグループを参観する（技が使えているかどうか評価する）。 →評価カードをつけながら参観できるとよい。
○まとめ	15分程度の話し合いの後、自分の振り返り、グループの振り返りをする（振り返りカードがあるとよい）。 参観したグループのメンバーは、評価カードをもとによかったところとよりよくするための気付きを紹介する。
○学び合い 〜まとめ	参観したグループと話し合ったグループが入れ替わって、15分程度の話し合いをする。
○振り返り	話し合いをするための技がうまく使えたかどうかを振り返り、学級全体の話し合いに活かすことができるようにする。

⑤　適当な議題を決めて、学級で話し合う。

○想　起	②時、③時にまとめたうまい話し合いの技を確かめる。 前時のグループでの話し合いでうまくいったところと改善すべきところを確かめて、学級全体の話し合いをよりよくするための見通しをもたせる。
○めあて	「『例・４年２組の学級目標を決めよう』についてクラスで話し合おう」 ※前時同じ議題も可だが、考えに広がりや深まりが期待できるかで判断したい。
○一人学び ＆ ○学び合い	自分の考えをワークシートに記す。 司会役（議長団）を決めて、クラスで話し合う。 〈司会役〉 ②時に見つけた司会の技、前時の課題などを参考にして進行する。 ※必要があれば、司会のマニュアルを作成して渡す。 ※話し合いが行き詰ったときには、教師が適切なアドバイスで話し合いを前進させる（司会役の立場から）。 〈参加者〉 ③時に見つけた参会者の技、前時の課題など参考にして参加する。 ※話し合いが行き詰ったときには、教師が適切なアドバイスで話し合いを前進させる。
○まとめ	自分の振り返り、クラスの話し合いとしての振り返りをする。 （振り返りカードがあるとよい） 司会役、参加者の双方を振り返り、どの発言が有効であったかを評価する。
○振り返り	②時、③時に作成した「話し合いをするための技」がうまく使えたかどうかを振り返り、今後の話し合いの際にも活かすことができるようにする。

※丁寧に進めるならば、⑤時の話し合いをＤＶＤに撮影しておき、⑥時にそれを見ながら検証していくのが好ましい。

○めあて	「クラスでの話し合いのうまいところを見つけよう」
○一人学び	うまい発言を見つけて、どううまいのかを書き出す。
○学び合い	見つけたうまいところを発表する。
	見つけたうまいところを整理していく。
	〈「話し合いをするための技」と関係づけていくとよい〉
	改善するための方策についても話し合う。
○まとめ	今後の話し合いの際に必要なこととして、「話し合いの技」を吟味していくようになる。

7　話し合い・ディスカッション型の授業づくり
「よりよい話し合いをしよう」（光村図書４年上）を
主教材とする単元の場合

【目標】○ＣＤ台本から「話し合いの技（司会の仕方、参加者の心得）」をもつことができる。　　　　　　　　　　　　　　［方略的な知識］
　　　　○話題の筋や他者の発言を意識して、「話し合いの技」に沿った話し方、聞き方ができる。　　　　　　　　　　　［話すこと・聞くこと］
　　　　※周りの友達を考えの異なる他者として認めることができ、話し合うことの意義を感じ取ることができる。
　　　　　　　　　　　　　　　　　［話し合うことの価値・生活に活きる力］

① 　見通しをもつ（30分コース・残りの時間は新出漢字の学習などに活用する）。
　・教科書６ページを活用（今まで学んできたことの想起）
　・ＣＤなどを活用して、どんな話し合いをするのかを確かめる
　・指導書にあるＣＤ台本を印刷して見せればよい。
　　（子どもが読めるＣＤ台本を作成しておくと、今後活用できる）

・よりよい話し合いにするための技（わざ）を見つけていくというようなめあてをもてるとよい。

② ＣＤ台本のうまいところを見つけて、話し合いの技（司会の仕方）をつかむ。
・ＣＤ台本をワークシートにして、うまいところを書き込ませて整理する。

○めあて	「森田さんたち（司会）のうまいところを見つけよう」 ※対象とする司会の発言を確かめる。
○一人学び	ＣＤ台本全文提示シートに、司会のうまいと思うところを見つけて書き込む。
○学び合い	見つけたうまいところを発表する 学び合い後半で、見つけたうまいところを整理していく。 〈うまいところを整理して確かめる〉 ①〈予定通り進めるために〉 　・はじめの言葉を言う 　・議題と話し合う理由について説明をする。 　・予定通りに進めるところと発言に合わせて進めるところがある。 　・話し合いの進め方を知らせている。 ②〈意見が出るようにするために〉 　・それぞれの意見をノートに書く時間をとる。 　・意見が出ないときに、グループで話し合うように言っている。 　・聞き方を変えてみる。 ③〈話し合いを進めるために〉 　・意見を黒板に書いて分かりやすくする。 　・意見を整理している。 　・賛成、反対の両方からの意見を求めている。 ④〈まとめるために〉 　・話し合ってきた意見をまとめて報告している。 　・学校全体で話し合うこと、今後話し合うことに整理してまとめている。……

○まとめ	※当然〈たいせつ〉の内容と重なってくる。 整理した司会のうまいところを整理して、クラス・グループでの話し合いの時に使いたいことを決める。 ※子どもは、代表的なものをメモして書き留める。 ※次時までに、教室横などに掲示できるまとめカードを作成する。

③　ＣＤ台本のうまいところを見つけて、話し合いの技（参加者）をつかむ。
・ＣＤ台本をワークシートにして、うまいところを書き込ませて整理する。

○めあて	「話し合いに参加している人のうまいところを見つけよう」 ※対象とする参加者の発言を確かめる。
○一人学び	ＣＤ台本全文提示シートに、参加者のうまいと思うところを見つけて書き込む。
○学び合い	見つけたうまいところを発表する 〈いつも気をつけること〉と〈前時に整理した①～④の段階で気をつけること〉に分けて発表させていくとよい。 学び合い後半で、見つけたうまいところを整理していく。 〈うまいところを整理して確かめる〉 　◎考えと理由に分けて話すとよい。 　◎「似ていて」「付けたして」「違って」などをはじめにつけると、立場がはっきりして聞き取りやすい。 　①何について話し合えばいいかを提案している。 　②グループでの話し合った成果を発表している。 　③友達の考えに付け足して、こうすればもっといいと提案している。 　◎前の人の発言を受けて発言ができると話し合いがつながってくる。…… ※当然〈たいせつ〉の内容と重なってくる。
○まとめ	整理した参会者のうまいところを整理して、クラス・グループでの話し合いの時に使いたいことを決める。 ※子どもは、代表的なものをメモして書き留める。

	※次時までに、教室横などに掲示できるまとめカードを作成する。

④ 適当な議題を決めて、グループで話し合う

○想　起	②時、③時にまとめたうまい話し合いの技を確かめて、どの技が使えそうかの見通しをもつ。
○めあて	「『例・4年2組にはどんな係が必要か』についてグループで話し合おう」
○一人学び ＆ ○学び合い	自分の考えをワークシートに記す。 司会役を決めて、グループで話し合う。 〈司会役〉 ②時に見つけた司会の技を使いながら、進行する ※必要があれば、司会のマニュアルを作成して渡す。 〈参加者〉 ③時に見つけた参会者の技を使いながら、参加する。 ※半数のグループが話し合い、残り半数のグループは話し合っているグループを参観する（技が使えているかどうか評価する）。 →評価カードをつけながら参観できるとよい。
○まとめ	15分程度の話し合いの後、自分の振り返り、グループの振り返りをする（振り返りカードがあるとよい）。 参観したグループのメンバーは、評価カードをもとによかったところとよりよくするための気付きを紹介する。
○学び合い 〜まとめ	参観したグループと話し合ったグループが入れ替わって、15分程度の話し合いをする。
○振り返り	話し合いをするための技がうまく使えたかどうかを振り返り、学級全体の話し合いに活かすことができるようにする。

⑤　適当な議題を決めて、学級で話し合う。

○想　起	②時、③時にまとめたうまい話し合いの技を確かめる。
	前時のグループでの話し合いでうまくいったところと改善すべきところを確かめて、学級全体の話し合いをよりよくするための見通しをもたせる。
○めあて	「『例・４年２組の学級目標を決めよう』についてクラスで話し合おう」
	※前時同じ議題も可だが、考えに広がりや深まりが期待できるかで判断したい。
○一人学び ＆ ○学び合い	自分の考えをワークシートに記す。
	司会役（議長団）を決めて、クラスで話し合う。
	〈司会役〉
	②時に見つけた司会の技、前時の課題などを参考にして進行する。
	※必要があれば、司会のマニュアルを作成して渡す。
	※話し合いが行き詰ったときには、教師が適切なアドバイスで話し合いを前進させる（司会役の立場から）。
	〈参加者〉
	③時に見つけた参会者の技、前時の課題など参考にして参加する。
	※話し合いが行き詰ったときには、教師が適切なアドバイスで話し合いを前進させる。
○まとめ	自分の振り返り、クラスの話し合いとしての振り返りをする。（振り返りカードがあるとよい）
	司会役、参加者の双方を振り返り、どの発言が有効であったかを評価する。
○振り返り	②時、③時に作成した「話し合いをするための技」がうまく使えたかどうかを振り返り、今後の話し合いの際にも活かすことができるようにする。

※丁寧に進めるならば、⑤時の話し合いをＤＶＤに撮影しておき、⑥時にそれを見ながら　検証していくのが好ましい。

○めあて	「クラスでの話し合いのうまいところを見つけよう」
○一人学び	うまい発言を見つけて、どううまいのかを書き出す。
○学び合い	見つけたうまいところを発表する
	見つけたうまいところを整理していく。
	〈「話し合いをするための技」と関係づけていくとよい〉
	改善するための方策についても話し合う
○まとめ	今後の話し合いの際に必要なこととして、「話し合いの技」
	を吟味していくようになる。

あとがき

　学校現場の先生方から「教科書の指導書に示している授業展開例の通りにいかない」という声をよく耳にする。そこに挙げられているのは、授業に熟達したベテラン教師の理想的な展開例だから、その通りにスッキリいくはずがない。それを「どうして自分のクラスではうまくいかないのか」と悩むのはまだよいが、「クラスの子どもの実態に問題がある」などと考え出すならば、子どもが気の毒になる。

　「このめあてにして、こういう深め発問をしたらうまくいくという方策を教えてほしい」という依頼もよくある。そういうときには、「そんなよい方策があるならば教えてほしい。もしそんな方策があるならば、全国の教室で実践されている。ないからこそ、それぞれの教室でさまざまな実践がなされていて、それがおもしろいのだ」と応えることにしている。パターン化して工夫のない画一的な授業展開になるならば恐ろしいことで、子どもにとってプラスがない。

　ここに挙げた授業づくりのプランは、指導書の授業展開例のように詳細ではない。「めあてをもつ → 一人学びをする → もった考えを発表し合う → 焦点化した話題で話し合う → 振り返ってまとめる」という問題解決の骨組みを中心に、めあてとまとめ、焦点化する話題の例等を併せて示している。大枠で骨組みの一例として示すことで、後はそれぞれのクラスの子どもの実態や授業者のこだわりに合わせて変形したりアレンジしたりしてもらえるだろうという思いからである。例示した通りに展開しないとしても、それぞれの段階（次）で何を大切にしているかを考えられるように、その意図は記したつもりである。また、めあての文言をそのまま使うかどうかは別にして、それぞれの時間で深めるべきことを例示しているので、教材研究の助けにもなると思われる。

本書が授業づくりのヒントとなることで、「国語の授業づくりは難しい（よく分からない）」「毎日授業があるので、その準備が大変だ（苦痛だ）」というマイナスの印象が緩和され、授業づくりが少しでもおもしろくなってくれたらと願っている。授業づくりの幅を広げたり、深まりをつくったりすることに活用していただけるならば何よりありがたいことである。

　最後になりましたが、大学教育出版の佐藤守氏には、何から何まで多大なご支援をいただきました。心よりお礼申し上げます。

2018年11月

赤木　雅宣

参考文献

① 田中智生・小川孝司監修「読む力が育つ「おもしろ見つけ」―読者反応理論を取り入れた物語の授業―」三省堂　2012年
②「読み」の授業研究会「国語力をつける説明文・論説文の「読み」の授業」明治図書　2016年
③ 筑波大学付属小学校国語教育研究部「筑波発　読みの系統指導で読む力を育てる」東洋館出版社　2016年
④ 樺山敏郎編著「平成29年改訂　小学校教育課程実践講座　国語」ぎょうせい　2017年
⑤ 中村和弘編「見方・考え方　国語科編」東洋館出版社　2018年
⑥ 樋口皓廸「―作文指導入門―　作文は、どの子も書ける」自費出版　1991年

■著者略歴

赤木　雅宣（あかぎ　まさのぶ）
1959年12月　岡山県岡山市生まれ
1982年4月　岡山県公立小学校教諭
2007年4月　ノートルダム清心女子大学児童学科准教授（現職）
2010年4月　同大学教職課程初等教育主事

主な著書
「文学の授業づくりハンドブック　第2巻　授業実践史をふまえて」（共著・渓水社　2010年）
「直観からの出発 ―読む力が育つ「丸ごと読み」の指導―」（共著・三省堂　2008年）
「国語科説明文教材の研究方法 ―教材研究・開発・授業研究―」（共著・全国大学国語教育学会・公開講座ブックレット⑤　2017年）

基本を大切にした国語科授業づくり

2018年12月25日　初版第1刷発行

■著　者　―― 赤木雅宣
■発　行　者 ―― 佐藤　守
■発　行　所 ―― 株式会社 大学教育出版
　　　　　　　〒700-0953　岡山市南区西市855-4
　　　　　　　電話（086）244-1268（代）　FAX（086）246-0294
■Ｄ　Ｔ　Ｐ ―― 難波田見子
■印刷製本 ―― モリモト印刷（株）

© Masanobu Akagi 2018, Printed in Japan
検印省略　　落丁・乱丁本はお取り替えいたします。
本書のコピー・スキャン・デジタル化等の無断複製は著作権法上での例外を除き禁じられています。本書を代行業者等の第三者に依頼してスキャンやデジタル化することは、たとえ個人や家庭内での利用でも著作権法違反です。

ISBN978－4－86429－996－1